ナムコ・ナンジャタウン
「あなたの隣の怖い話コンテスト」事務局 編

私たちは幽霊を見た！

二見レインボー文庫

はじめに

たったひとりで自宅にいるとき、夜道を歩いているとき、心臓が「ドクン」と妙に脈打ったり、背筋が「ゾクッ」とするようなことはありませんか？

人込みのなかで、何か得体の知れないものに見られている、冷たい手で首筋を撫でられているといった感覚をもったことはありませんか？

「あの世からのもの」は特別な人や特別な空間にだけ現われるものではないようです。小さな町の片隅にも、大都会の喧騒のなかにも潜んでいるのだということを、たくさんの体験話から知りました。

いかにも「出そうだ……」というシチュエーションではなく、普段の生活、明るい場所、大勢の人のなかにさえ、血も凍るような恐怖は潜んでいるのだというところに戦慄を覚えます。

決して他人事《ひとごと》ではありません。

なぜか何人もの人が次々に首吊りをしてしまう松の木の謎……。

古ぼけた御守りを何気なく拾ってしまったばかりに、否応なく引きずりこまれていく恐怖の空間……。

子供のころに遊んだ土地を何十年かぶりに訪れ、あのころの「テリトリー」を越えたところに待ち受けていた予期せぬ恐怖と悲しい話……。

たしかに見た死後の世界……。

今回も「ナムコ・ナンジャタウン」主催の「あなたの隣の怖い話コンテスト」には数多くの恐怖の体験談が寄せられました。そして、一冊の本となりましたが、どの体験もまさに「身の毛もよだつ」ものばかりです。

いつもと変わりないはずの日常生活のなかに、スルリと忍びこんでくる霊は圧倒的な恐怖をもたらすものですが、なかには、ふとその悲しみやこの世に残してきた者への強い愛情を感じさせるものもあります。

「幽霊など信じない」「自分には霊感などない」という人は多いでしょう。

けれども、体験した人たちの話を読めば、もしかしたら、誰にでも起こることなのかもしれない、見過ごしているだけなのかもしれないという思いが湧いてきます。

投稿者のなかにも「かつては非科学的なことなど、いっさい信じず、現実主義一辺倒だった私や家族ですが、いまでは毎日のように仏壇に手を合わせるようになりました」という人もいます。

実際に起こった「不気味な出来事」をそっと覗いてみてください。

ただし、心の隙間につけこまれないよう、充分に気をつけて。

魔界につながる扉は、大都会の人込みのなかにさえ、ポッカリと口を開けているのですから……。

あなたの心の隙間を狙っているモノが、どこからかそっと見ているかもしれません。

今回も恐怖体験談の人名、団体名などはプライバシーに考慮し、すべて仮名にさせていただきました。

ナムコ・ナンジャタウン「あなたの隣の怖い話コンテスト」事務局

※「怖い話」の募集は、現在は行なっておりません。

※「ナムコ・ナンジャタウン」はリニューアルのため「ナンジャタウン」に名称変更となっております。

目次

第一章　開かれた霊界への扉

第二章　冥界からの不気味な警告

第三章　怨霊の棲む空間

第五章　音もなく忍び寄る恐怖

本文イラスト……日野浦　剛

第一章　開かれた霊界への扉

オンラインゲームに、怨念のこもる赤い文字

――藤田雅史(四十三歳)

二十年ほど前、僕はパソコンを使ったオンラインゲームに熱中していました。

インターネット形式で知りあった顔も名前も知らないユーザーと、ひとつの目的を持って遊ぶのがオンラインゲームの特徴です。

僕が始めたゲームは、自分で作ったキャラクターを強くするだけでなく、ゲーム内で知りあった人たちとひとつのグループを作り、別の人たちが作ったグループと対戦するものでした。

僕はそのゲームで、ひとりの人と仲よくなりました。たがいに簡単な自己紹介をして、その人がおなじ京都に住む年齢も近い女性とわかりました。

彼女は「ユユ」という名前でプレイしています。僕たちはなぜかウマが合い、彼女とチャットする目的でゲームする日も珍しくありませんでした。

ユユとの会話はとても楽しいものでした。

こちらが聞きたいこと、こう答えてほしいと思う答えを、まるで予期していたかのよう

に返信してくれるのです。

だから、ユユから「私たち、気が合うわね。どこかで会わない？」といわれたときは、本当に嬉《うれ》しかったのです。

当時の僕は彼女の話術に魅了され、ゲームを離れた実生活のなかでも、彼女のことを思い出して、仕事もままならないような状況になっていました。

会う日時と場所はユユが指定してきました。それは、僕が初めて聞く京都の地名でした。

その日が来るまで、僕は片思いの人と初めてデートをするような待ち遠しい気持ちで、心弾《はず》ませながらすごしました。

ところが、約束の前日に突然急ぎの仕事が入り、キャンセルしなければならなくなったのです。

僕は、ユユに事情を説明しました。

彼女は「それでも会いたい」と何度もいってくれたのですが、他の人に頼める仕事ではなかったので、断念せざるをえませんでした。

そのときからです……、ユユの対応が変わったのは。

ゲーム内で執拗に話しかけてくるようになりました。

ゲーム内には二種類のチャットがあります。ひとつは誰にでも話しかけられる白い文字で表示されるチャット。そして、もうひとつは親しい人だけに表示される青い文字のチャットです。

ところが、ユユから僕に話しかけてくる文字の色は、赤でした。しかも、ブラックを混ぜたような……そう、血の色の赤……。

ゲームにINした瞬間から、僕のチャット欄には赤いメッセージが途切れることなく、表示されつづけました。

「うそつき」「許せない」「いますぐ会いたい」……。

毎日、延々と綴《つづ》られるメッセージ……。

さすがに気味が悪くなった僕は、チャット仲間に相談しました。

「赤い文字？　このゲームに赤文字なんてないぞ」

彼は不思議そうにつぶやきながら、続けてこういいました。

「ユユ？　昔、その名前を使っていた女のユーザーがいたけど、バンをくらったから、いまはいないはずだ」

バンとは、ゲーム内でのマナー違反や悪質な裏技を使って他のユーザーやオンラインゲーム管理会社に迷惑をかけたときにIDナンバーを剝奪《はくだつ》されてしまうことをいいます。

IDナンバーを管理会社に奪われると、それまで使っていたキャラクターを消去されるだけでなく、二度とおなじゲームに参加できなくなります。つまり、永久追放ということです。

ユユという女性は強いキャラクターを育てたことで有名なプレイヤーで、みんなから「女帝」と呼ばれていたそうです。

そして、ゲーム内で知りあった数人の男性を言葉巧みにだまし、疑似恋愛させて彼らの心を弄《もてあそ》び、あげくの果てにお金まで取っていたといいます。

それが管理会社にばれて、彼女はバンを受けたのでした。

ユユはゲームを生きがいにし、ゲーム会社がインターネット販売しているキャラクターの人形や携帯ストラップを大量に購入していたということも知りました。

IDナンバーを剥奪された彼女が、その後、どうなったかは誰も知りませんでした。不正アクセスをしてゲームを続けているという人もいれば、生きがいを失って自殺したという人もいます。

伝説と化したユユ……。

その名前のキャラクターが、なぜ僕に接触し、会いたいと執拗に迫ってきたのか……？

「このゲームに赤い文字なんてないぞ」

そういった仲間の言葉が気になり、僕はあのときユユが指定した場所に行ってみたいと思うようになりました。

しかし、彼女が指定した場所の住所は地図で調べても見つかりませんでした。地区と番地まではあるのですが、それ以降の住所は地図と符合しないのです。

僕は約束の場所まで行って、指定された近くで地元の人にその住所があるかどうか聞いてみました。

「そんな場所はないな。あるとすれば、山の奥になるんじゃないか」

たしかに、そこには小さな山があり、ちょうど登り口のところには寺がありました。

少しばかりの好奇心と大きな不安を胸に抱えて、僕は山のなかに足を踏み入れました。

そして、ちょうど寺の裏手にさしかかったところで、信じられない光景に遭遇しました。

大きく窪《くぼ》んだ穴のなかに、大量の人形が無造作に捨てられていたのです。

落ち葉や土にまみれ、汚れてしまったキャラクター人形たち……。

そのなかのひとつから、なんともいえない不気味な雰囲気……「気」のようなものが伝わってきます。強い視線さえ感じられました。

そして、それは間違いではありませんでした。

ゲームのキャラクター人形は、たしかにじっとこちらを見つめていました。そして、僕と目が合った瞬間、動くはずのない口もとを崩し、微笑《ほほえ》んで、こういったのです。

「やっと……来てくれたのね……」

木々を揺らす風の音か、恐怖心をいだいていた僕の心が作った空耳《そらみみ》だったのかわかりませんが、人形の声は間違いなく聞こえてきました。

一瞬、頭のなかが真っ白になって、僕は三メートル下の窪地に落ちそうになりました。

「ずっと……会いたかった……」

転げるように逃げ出した僕の後ろから、はっきりと声が追いかけてきました。

その山にあった寺は人形を供養することで有名なところで、さまざまな思い入れのある人形が大量に持ちこまれているといいます。

しかし、供養の費用を払えない人や、供養のためにお金までは出せないという人は、寺に人形を預けずに、寺の裏にある窪地に放置していくのだということでした。

ユユが消えた直後のゲーム内では、こんな噂があったそうです。

「バンを受けたユユは生きがいだったゲームを失い、過度のストレスから精神を病んで、専門の施設に収容させられた。しかし、彼女の思いだけはゲーム内に漂っている」

オンラインゲームに熱中する人のなかで、ゲームに熱中するあまり、実生活を犠牲にしてしまう人も少なくありません。

ゲームが生きがいになっていた人の強い念はゲーム内にとどまるのでしょうか？　人形

に持ち主の念が宿るように……。

ユユのその後をたしかめる術《すべ》はありません。けれども、時折、聞こえてくるのです。

「会いたい……」という、その声が……。

現在、オンラインゲームをしている人は気をつけてください。見慣れない文字がチャットに表示されたら、絶対に相手にせず、無視してください。そして、もしそれがユユという名前だったら、ゲームから離れることをお勧めします。

祖父が持ち帰った人形の秘密――園　慎太郎(二十六歳)

ある夜のこと、近所に住む友人の佐伯が、突然訪ねてきました。

新婚で、生まれたばかりの子供がいる幸せまっただなかのはずが、真っ青な顔でおびえた表情をしています。そして、手には大きな紙袋を持っていました。

佐伯は私の顔を見ると、

「悪いが、いまから車を出してくれないか?」

といいました。佐伯は免許を持っていないので、「めしをおごるから」などといって、たまにこういう頼みごとをしてくるのです。

でも、その日のようすはただごとではありませんでした。行き先を聞くと、隣の県の、バスも通らないような辺鄙《へんぴ》なところにある神社だといいます。往復三時間はかかる距離です。翌日の仕事のことを考えて、一瞬、躊躇しました。すると、

「頼む、これで」

と、財布からお金を出そうとするので、慌ててそれを制止し、理由を聞きました。

親友の私にお金を渡してまで神社に行かなければならないとは、普通ではありません。

「供養に、すぐ行きたいんだ」

彼は抱えていた紙袋の口を開きながら、

「人形……」

とつぶやきました。

なかから取り出されたものは、とても人形には見えませんでした。小さな麻袋に何かを入れて膨らまし、真ん中を紐でとめ、顔にあたる部分には目のような黒いふたつの点、その上に髪の毛でしょうか、とうもろこしのヒゲのようなものがついています。

それは、古ぼけた、汚い「ゴミ」にしか見えませんでした。

ただごとではないと思った私は、詳しい話は車のなかで聞くことにして、カーナビに神

社の住所をセットしました。

何度も謝る佐伯を落ち着かせると、ようやく事情を話しはじめました。

彼に聞いたままのことを記します。

……最初は、息子の拓実のようすがちょっと変だなと思ったんだ。拓実はやっと二カ月になるんだけど、妻がベビーベッドに寝かせて、台所で料理していたら、泣き声が聞こえてきたんだ。慌てて戻ってみると、ベッドに寝かしつけたはずの子が床の上で泣いていたというんだ。

二カ月の赤ん坊が、どうやったらサークルのついたベビーベッドから出てこられるというんだ?

だけど、これはきっかけにすぎなかった……。

ほとんどお乳を飲んでくれないと妻は心配しているのに、体重は増えているし、医者に連れていってもまったく問題はないという。

そんな矢先、妻は気づいたんだ。自分が飲ませてもいないのに、息子の口のまわりにお乳の白いあとがついていることに……。

僕の母親も同居しているけど、昼間は仕事に出かけているから、家には妻と息子しかいない。混乱した彼女は、僕の浮気相手がこっそり来たんじゃないかとか、ありえないことまでいいはじめたんだ。どこの世界に、自分の浮気相手の子供にお乳を飲ませに来る女がいるんだよって、喧嘩になりそうだったよ。

その次の日のことだ。妻が昼寝をしていると、彼女のお母さんから携帯に連絡があって、「いま来てみたけど、お友達がいるみたいだから、また出直すわ」といったらしい。

妻はひとりだったので、そんなことはないと、お母さんに来てもらったんだ。お母さんがいうには、家の前まで来て、ガラス戸越しになかを覗いてみたら、女の人が赤ん坊を抱いてるのが見えたので、てっきり妻の友達が来ていると思ったというんだ。

「たしかにいたわよ。東南アジア系の人で、外国人のお友達がいるなんて知らなかったからビックリしたのよ」

お母さんはそういったけど、妻にはまるっきり理解できなかった。

泣きながら僕に電話をしてきたので、急いで家に帰り、僕の母親も含めて四人で話し合ったんだ。

でも、誰も何が起こったのかわからず、何時間かするとみんな黙りこんでしまって……。

そのときだった。

僕の母が急に、まるで誰かに呼ばれたみたいに立ち上がって、箪笥《たんす》の上にある人形がたくさん入ったガラスケースを見つめていたかと思うと、

「私、これだと思うの」

といって、人形を一体、取り出してきたんだ。

それがこの人形だよ。

僕の祖父が戦地から引き揚げてきたときに、持ち帰ったものなんだけど、祖父は「現地の女の子にもらった」といっただけだったらしい。

僕の母は、「想像だけど」と前置きして、こんなことをいった。

「この人形の持ち主、おじいちゃんのこと好きだったんじゃないかしら？　ほら、拓実はおじいちゃんにそっくりでしょ？　それで、焼きもちっていうのかな……」

僕の母は霊感が強いので、他の人には感じられない何かを感じ取ったんだと思う。

人形の持ち主の霊が、自分の子供に……？

僕は信じられなかったけど、母が取り出してきた人形を持っていると、だんだん少しずつ重くなってきて……。それで、怖くなって、早く供養に出さないととんでもないことが起きるような気がして、どうしてもすぐに神社に行きたいんだ……。

佐伯は恐怖を紛《まぎ》らわせるように話しつづけました。行き先の神社は、人形供養では名が知られたところだということでした。そうしているうちに、街灯の明りもまばらになり、あたりはどんどん暗くなっていきました。

ようやく神社に着くと、車から降りた佐伯が人形の入った紙袋のなかを見ながら、じっと突っ立っています。

「これ……、こんなに黒くなかったよな……」

紙袋のなかの人形は水で濡れたように黒くなっていました。

そして、袋にも水のような染みがついていたのでした。

私たちは何もいわず、足早に神社に向かいました。

境内はまっ暗でした。その一角にある建物のチャイムを鳴らすと、若い女の子が出てきて「父はいま出かけています」といいます。

帰ってきたら連絡をいただきたいと伝えたのですが、あいにく佐伯は携帯電話を忘れてきていたので、私の電話番号を伝え、しばらく車のなかで待っていました。

しかし、一時間経っても連絡がなかったので、佐伯は神主さんの娘さんに人形と費用を入れた封筒を手渡し、人形の供養をお願いして、私たちは神社をあとにしました。

私の携帯が鳴ったのは、家に戻ってすぐ、11時すぎごろでした。

神主さんからでした。

「先ほど帰りまして、袋を開いて見たのですが……何も入っていないのです」

「………」

「人形はお持ち帰りになられたのでしょうか？」

しばらくは、声も出ませんでした。

私は直接佐伯に会って話をしようと、玄関まで出たのですが、そのときちょうど帰ってきた母が、表を指さしながら、

「不審者がいるよ。さっきから佐伯さんの家をずっと覗いてる、女の人……」

外を見ると、外灯の下に女の人がいるのです。

肌の色や体型が、日本人とは違って見えました。

私は怖くなって玄関のドアを閉め、大きく深呼吸しました。

「ね、いるでしょ？」

母が念を押すように繰り返すので、私は意を決して、もう一度玄関のドアを開けました。

しかし……、たったいま見たはずの女の人の姿は消えていたのでした。

さんざん迷いましたが、私は自分の目で見たことを佐伯には伝えませんでした。そんな

ことをいったら、彼の一家が恐怖のどん底に突き落とされるのではないかと、恐ろしかったのです。

それ以来、母は不審者の姿は見ないといいますし、佐伯も普通の生活をし、「人形を供養してよかった」といいます。

しかし、私は知っているのです。

二階の自分の部屋から外を見ると、夜の闇のなかにぼんやり佇《たたず》む女の影がいまも見えるのです。

一度だけ、佐伯のお母さんにこのことを伝えようとしました。しかし、彼女は私の話を遮《さえぎ》り、

「わかってる。あの子には黙っといて」

というのでした。

私は、この秘密を誰にもいえないでいます。

そして、佐伯の身に何も起こらないことを、ただ祈るだけです。

首吊り屋敷の二階左端の窓に……――田端亜希子（二十四歳）

私は寝る前にパソコンで遊ぶのを日課にしているようなときがありました。

とくに気に入っていたのが、グーグルの「ストリートビュー」です。

一軒一軒の写真がはっきりと映し出されるので、友達の家を探したり、有名なところを見たりしていると、部屋のなかにいながら、ちょっと旅行に出たような気分にもなれました。

人の家を盗み見して楽しむ気持ちもありました。

その日も、弟とふたりでパソコンの前に座り、近場《ちかば》探索をしていたのです。

ポイントを決め、ズームしていっても、画面は鮮明でした。

「山手の首吊り屋敷もあるかな？」

弟の唐突な言葉に、背中がゾクッとしたのを覚えています。

山手の首吊り屋敷というのは、昔から高級住宅街として知られている山手にある、古くて大きい洋館のことです。

何年か前、その洋館に住む娘が自分の部屋で首を吊って死んだという噂がありました。

その後、両親は死んでしまったとも、遠くの老人ホームに行ってしまったともいわれています。ですから、洋館にはいまは住む人もなく、廃屋になっているということでした。

そのうえ、廃屋には人魂が飛ぶとか、夜中になると人影が見えるなどという人もいました。

「首吊り屋敷か。面白そう、見てみよ」

私は軽い気持ちで、地図の上にカーソルを合わせました。

すぐに屋敷の写真は現われました。映し出されたのは、伸びきった草木のなかにひっそりと建つ古い洋館……。

「出た出た。何か気味悪いな。この写真、いつごろ撮られたものやろ？」

「葉っぱの繁り具合や道路の舗装具合から見て、去年の秋ごろかな？」

ふたりはそんな他愛のない話をしていました。

そのときです。

ふと、二階のいちばん左端にある窓に目が留まりました。

他の窓にはすべて白いカーテンが引かれているのですが、その部屋だけ、カーテンが少し開いているのです。

カーテン越しに影のようなものが見えました。……人の形に見えます。

「見て！　ここ、人の影に見えない？」

弟にいいましたが、

「カーテンのシワやろ？」

と、とりあってくれません。

私は、心に妙にひっかかるものを感じながら、パソコンを閉じました。

気になっていた私は、次の日の夜もパソコンを立ち上げ、首吊り屋敷をズームアップさせました。

その瞬間、スッと血の気が引いていくのがわかりました。

昨日見たときよりも、人の影が鮮明になっています。

弟はあいかわらず「気のせいだ」というのですが、私はそれだけではすまない何かを感じていました。

そして、毎晩、首吊り屋敷を確かめずにはいられなくなったのです。私の目には、明らかに人影がどんどんはっきりしていくように見えました。

いったい何が映っているのか、知らずにはいられなくなった私は、会社が休みの日に、とうとう、「首吊り屋敷」に行ってしまったのです。

家から四十分ほど歩くと、鬱蒼とした木立のなかに不意に白い洋館が現われました。人の気配はまったくありません。

門はわずかに開かれています。

私は恐る恐る、洋館のまわりをぐるりとまわり、あの二階のいちばん左端の部屋を見上げました。白っぽいカーテンがかかっています。きっちりと端まで……。どこにも隙間はありませんでした。もちろん人影なども……。

その夜、再び、私はパソコンで首吊り屋敷を見ました。

左端の部屋……やはり、見えます。

「カーテン開いてる……、それに、誰かいる……。これを撮影したとき、たまたま誰か来てたのかな……？」

画面に顔を近づけるように凝視した瞬間、背中にゾクッと悪寒《おかん》が走り、全身に鳥肌が立ちました。

カーテンの向こうにいる人影と……目が合ったのです。

私は即座にパソコンを強制終了させました。

「何？　気のせい？」

そう思いたくて、何度も「気のせいだ、気のせいだ」と心のなかで繰り返していました。

さっさと寝てしまおうと、ベッドに横になったものの、なかなか寝つけません。それでも、いつのまにかうとうとしていたようです。

ふと、妙に重苦しい気配に目を覚ましました。

目は覚めたのですが……身体が動きません。石のように重く、自分の身体なのに思いどおりに動いてくれないのです。

私は焦《あせ》って、その息苦しさから逃れようと、首を左右に激しく振りました。

そのときです。

天井から、

「ポタリ……」

と雫《しずく》のようなものが落ちてきました。

顔を動かして、天井を見上げたとたん、全身が凍りつきました。

ぶら下がっているのです。白いワンピースに長い髪の女が……。

足の先から、血液なのか体液なのか、冷たい液体が「ポタリ……ポタリ……」と落ちてきます。それが、私の胸のあたりに当たります。

「ポタリ……ポタリ……」

私は声にならない悲鳴をあげました。

と、いきなり喉に激痛が走りました。

ものすごい力で喉が絞められます。冷たく強い力、ぐいぐいと喉を絞めつけ、身体ごと頭のほうに引っぱられていくようでした。

死ぬ……！

（助けて、助けて！　お母さん！）

私は心のなかで必死に叫びました。

そのとたん、パシッと何かが弾《はじ》ける感じがしたかと思うと、喉の苦しさから解放されました。ゆっくり天井を見上げると、ぶら下がっていた女の姿も消えていました。

私は慌てて電気をつけると、朝までまんじりともせず、座りこんでいました。

翌日のことです。母が疲れきった顔をして現われると、こんなことをいいました。

「ゆうべは恐ろしいものがやってくるような気配で目が覚めて、なんだか怖くてしかたなかったから、ずっと朝まで念仏を唱えていたんだよ」

私は再び、ゾッとしました。

母の念仏のおかげで、私は助かったのでしょうか？

呆然としている私の顔を覗きこみながら、母が、

「どうしたん？　首のまわり赤いけど……」

といいます。

鏡を見た私は震えを止めることができませんでした。

首にはくっきりと、赤い痣《あざ》がついていたのです。

私は母に夜中に見たことを話し、すぐに神社にお祓いに行きました。

二日ほどで痣は消え、それから恐ろしいことは起こっていませんが、私はストリートビューを見るのをやめました。

首吊り屋敷はもちろんのこと、他の家も見ないことにしました。

もし、偶然何かを見てしまったらと思うと、とても見ることなどできません。

あなたの後ろを「振り袖」がついてくる——八木彩恭華(三十四歳)

それは、友人とショッピングに出かけた日のことでした。

友人といっても習い事で知りあった人なので、私よりもずいぶんお姉さんですが、なぜか気が合って、ときどき待ち合わせてはふたりで出かけていました。

彼女は両親の仕事のあとを継いで、小さなアパレル会社の社長をしています。二十歳になる娘さんとふたり暮らしですが、そんな大きな子がいるようには見えません。

三十歳で結婚したご主人は仕事もせず、家族に迷惑ばかりかけた末、傷害事件を起こし、刑務所に服役して、それを機に離婚したという話も聞いていました。

駅前で待ち合わせをし、さあ、ショッピングに行きましょうと思ったとき、突然、後ろから見ず知らずの人に声をかけられました。

どこでも駅前はキャッチセールスの多い場所です。

無視しようとすると、その人は耳元で囁くように、

「あなたの後ろに女の人の霊がついていますよ」

と、気味の悪いことをいいます。

そうやって、人を脅かし、結局、霊感商法グッズなどを買わされるに決まっていると決めこんでいた私は、返事もせずに足を速めました。

「振り袖を着た女の人、赤い振り袖を着た女の人です。このままでは危険ですよ、いっしょに来てください」

後ろからしつこい声が追いかけてきます。

冗談じゃない！　これから買い物に行くの！　そんな変な話には乗らないよ、と後ろからついてくる男性ふたりに怒鳴ろうかと思ったとき、意外にも友人は足を止め、ふたりに向かって頷《うなず》いたのです。

「わかりました。どこに行けばいいのですか？」

彼女の言葉に耳を疑いました。

理性的な彼女がキャッチセールスまがいの呼びかけに当たり前のように答えるなんて、信じられませんでした。

しかし、「ゴメン、買い物に行けなくなっちゃった」といって、友人はふたりの男性と肩を並べて歩いていきます。

何か思い当たることがあるのだろうか？

ふとそう考えた私は、彼女をひとりで行かせることが忍びなく、慌てて三人の後を追いました。

ふたりの男性は意外にも、近くの神社に私たちを案内しました。

私もときどき不思議な体験をすることはありましたが、今回は自分のことではなく、まったくの傍観者でした。

神社の奥まった部屋に通されると、年輩の静かなたたずまいの男性が現われました。神主さんでしょうか。

「赤い振り袖……ですね。何か心当たりがありますか」

男性の言葉に友人は静かに頷きました。

「もうずいぶん前の話ですが、二十歳のとき、結婚を約束していた人がいました」

彼女は遠くを見るようなまなざしで話しはじめました。

まだ学生でしたが、両家の賛成を得て、ふたりの婚約は問題なく整い、翌日に結婚式を控えたその日、悲劇が起こったといいます。

午後六時ごろ、外出先から自分のアパートに戻ろうとした婚約者が、横断歩道で大型トラックに撥《は》ねられ、死んでしまったのです。

師走に入って車の往来も激しいうえ、日はすっかり落ちて、暗い町に横殴りの雪が降っていたといいます。

翌日の結婚式に出席するため、郷里の秋田県から上京していた婚約者の両親や親戚の人たちは、彼のお葬式に出なければならなくなったのでした。

遠い昔のこととはいえ、あまりの悲劇に私は息が詰まるような思いでした。

友人の家には結婚式のお色直しと、翌一月の成人式にも着られるよう、振り袖がかけられていました。

彼女は泣き崩れながら、お棺に横たわる恋人の遺体に振り袖をかけてあげたといいます。

「私の代わりだと思って。いつまでもいっしょだよ」

それが、そのとき、彼女が婚約者にかけた言葉でした。

友人の話を聞き終わると、神主さんは大きく頷きました。

「振り袖を頭から被るように羽織っているので、女の人だと思ったのだが、あなたについてきているのは、間違いなく、その男性です」

しかも、顔のあたりから血が滴《したた》っているのが見えるのだといいます。

「あなたに、災いを起こす霊ではありません。ただ、彼はあなたの夫だと思っている。ずっと見守っていますよ。そして、あなたに男性が近づくと邪魔をします」

そう聞かされても、友人は動揺することもありませんでした。

すべてわかっているかのように、静かに耳を傾けていました。

さらに、信じられないことを聞かされました。

「あなたのお嬢さん、この婚約者のお子さんですよ」

この言葉にも、友人は、

「やっぱり……」

と、納得したように頷きました。

私だけが、

〈えっ？　不可能でしょ。二十歳のときに彼は死んでしまったのに……〉

と思いましたが、彼女は真剣な顔をして、

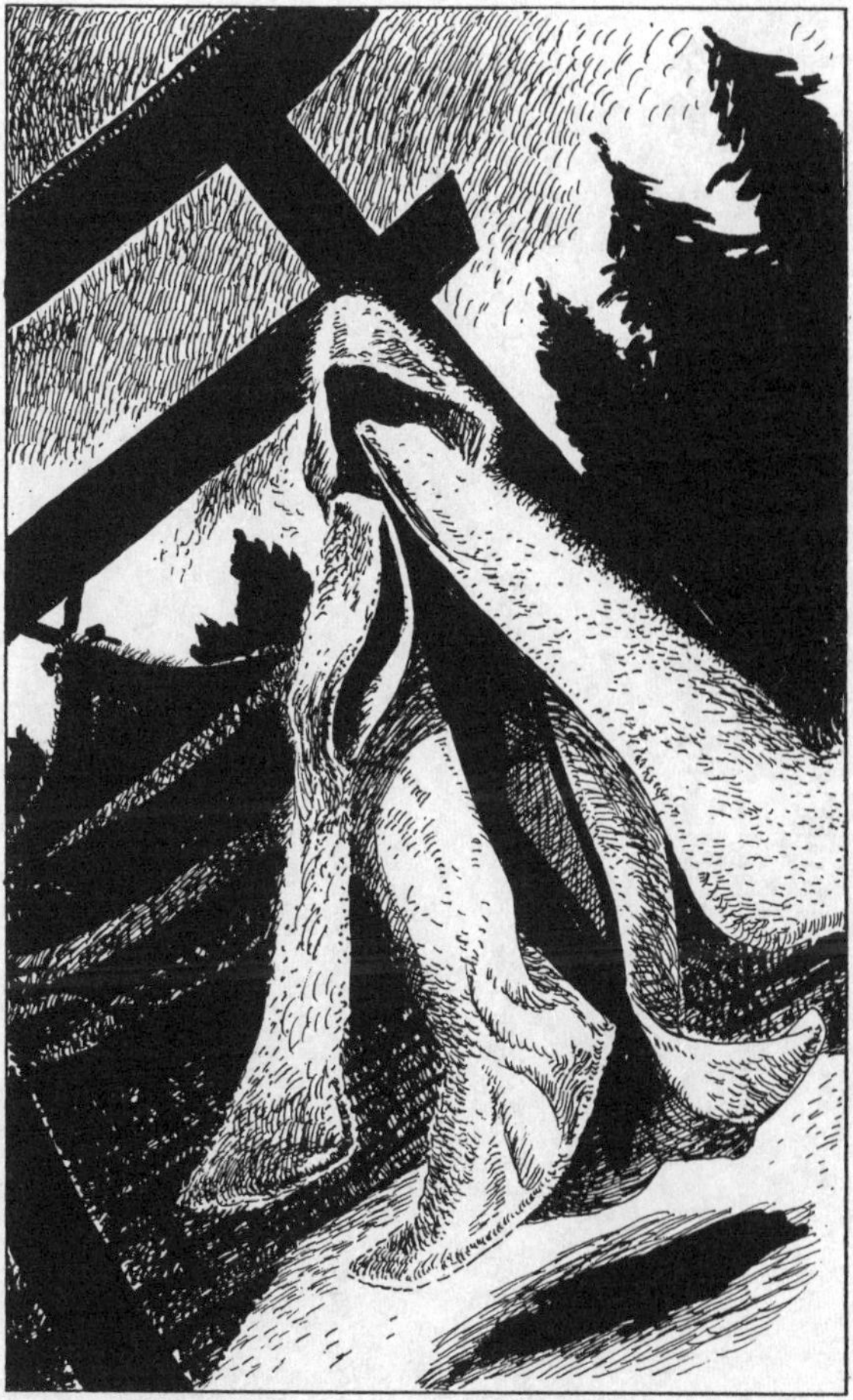

「DVの激しかった前夫が傷害事件を起こしたとき、離婚を決めましたが、娘はその時期に授かりました」

といいます。

「あなたの別れたご主人の身体を借りて、亡くなった婚約者が思いを遂げたのです」

神主さんは確信を持ってそういいきりました。

「そうですか。似てるんです、あの子……あの人に……」

亡くなった恋人の念は強く、お祓《はら》いをしても友人の傍から離すことはできませんでした。

「いいの。これからはずっと彼を思いながら生きていくわ」

彼女はそういいました。

彼も彼女と自分の子供を見守りながら、やがて、ふたりが次の世界にやってくるのを待っているのでしょう。

午前二時、闇の世界へ誘う歌声――鴻上紀子(三十一歳)

もう二十年以上も前、私が小学校五年生のときの話です。

私の実家は長野県の姫木平に別荘を持っていて、毎年夏には家族で泊まりに行くことになっていました。

それは楽しい行事ではあったのですが、反面、心配なこともありました。

別荘に行くと、私はいつも眠れなかったのです。

ベッドに入ると、すぐに寝つくのですが、いつも午前二時ちょうどにパチッと目が覚め、そのまま朝まで眠れないのでした。そのとき、決まって人の視線を感じました。いっしょの部屋に弟が寝ていて、他に人がいるはずもないのに、たしかに感じるのです。

その年も、夏休みに入るとすぐに家族揃って別荘に出かけました。

日中は大自然のなかで元気いっぱい遊びまわり、夕暮れになるころにはへとへとでした。

そして、不安になるのです。

〈また、夜中に目が覚めるのかなあ……〉

日が暮れてしまうと、別荘のまわりは墨を流したように真っ暗で、昼間は気がつかなかった小川を流れる水の音がやけに大きく響いてきます。

〈朝まで目が覚めませんように……！〉

祈るような気持ちでベッドに潜りこむと、すぐに睡魔が襲ってきました。

ところが、やはり真夜中にスッと目覚めてしまいました。

時計を見ると……午前二時を指しています。

胸がドキドキしました。

弟の寝息が聞こえてきます。同時に誰かに見られているような気配も感じました。

でも、いつものことだし、朝まで我慢すればいいと思っていたのですが、そのときは、ようすが違っていました。

聞こえてきたのです……。

どこからともなく、かすかな歌声が……。

「やだ！　ウソでしょ？」

思わず、声を出しました。

かすかな歌声は階下から聞こえます。

下には両親の部屋があるので、もしかしたら、母親が歌っているのではないかと思いました。……そう思いたかったのです。夜中の二時に母が歌を歌ったりすることがないのは、わかりきっていたことでした。

無理にそう思いこもうとしましたが、目をつぶって耳をふさぎ、声を聞かないようにすればするほど、歌声は次第に大きくなっていきます。

それははっきりと聞こえるようになりました。

女性の声でした。

何を歌っているのかはわかりませんでしたが、あまりにも強く聞こえるので、私はとうとう起き出して、そっと自分の部屋を出ました。廊下に出ると、すぐに階段があります。

〈お母さんよ……お母さんが歌ってるの……！〉

私はまだ自分にそう言い聞かせながら、階段をゆっくり下りていきました。

両親の部屋の前……なかはしんと静まりかえって、物音ひとつしません。

声は、部屋の前から玄関に続く廊下のほうから流れてきていました。

その瞬間の絶望感はどう表現すればいいのかわかりません。しかし、そのまま自分の部屋に戻ることなどできませんでした。得体の知れない歌声の主に背中を向けて階段を上がるなんて、考えただけでも膝が震えました。

両親の部屋に飛びこめばよかったのでしょうが、なぜかできなかったのです。

まるで、何者かに魅入られたように、私は廊下を歩きだしました。

ゆっくりゆっくり、足音を忍ばせ、玄関に近づいていきます。

声は、玄関のドアの前から聞こえていました。

私の理性は「引き返せ！」と叫んでいます。

でも、足は別の魂をもった生き物のように、玄関のドアに向かって進んでいきました。

裸足のまま土間に降りると、私はドアチェーンを外し、ドアノブに手を伸ばしました。

すると、歌声はまるでせかすように、大きくなったのです。

そして、歌声の歌詞がはっきりと耳に届きました。

「早く来い……！　早く死ね……！」

この繰り返しだったのです。

私は発狂しそうになりました。

それなのに、私の手は勝手に動いて、ドアノブのロックを外そうとしています。

真っ暗な闇……、ドアを開けたら、さらに真っ暗な闇が待ち受けている……！

そこに何が……？

涙が溢れてきました。

〈助けて！……神様！〉

心のなかで叫んだそのとき、指先に温かな何かを感じました。

ゆっくり自分の手に視線を落とすと、そこには、半透明の白い手があり、制するように私の手に添えられていたのでした。

手首だけの白い手……。

不思議なことに恐怖は感じませんでした。

はっきりと意識を取り戻し、自分の意思で身体が動くことを感じた私は一目散に両親の部屋に駆けこみました。

「どうしたの？」

もちろん、父も母も驚いて呆然としていましたが、私は恐ろしくて何も話すことができませんでした。

あの夜の出来事はずいぶん長いあいだ心の奥にしまっていました。

でも、こうして改めて、あの夜を再生させ、思い出してみると、歌声の主やその目的はわかりませんが、ドアノブに伸ばした私の手に重ねられた白い手が私を救ってくれたということだけはわかります。

別荘は売りに出され、いまは他の人の手に渡りました。

その後、何かが起こったかもしれませんが、私が訪れることは二度とないでしょう。

峠の首吊り一本松――古宮一郎（五十七歳）

私が、いま住んでいるところは、町とはいえ、まだ田舎の面影が残る山あいにあります。

家の前をくねくねと流れる小川はやがて広い川となり、三十キロ先の海へとつながっています。川に沿って、細い道があり、私はときどき、この道を通って娘の嫁ぎ先に遊びに行っていました。

私の家と娘の嫁ぎ先は、山を隔てて背中合わせの位置にあります。山を越え、坂道を降りると、ちょうど娘の家の前に出るのでした。少し険《けわ》しい坂道ですが、それがいちばんの近道なのです。

その朝も少し弱りがちな足腰を鍛えようと、散歩がてら、娘の家に行ってみることにしました。

小川の脇の道は細く、木々が鬱蒼《うっそう》と繁っていますから、昼間でも薄暗く感じられますが、峠の手前からは一本の大きな松の木がよく見えました。

松の木の下まで辿り着くと、木の下に黒い影が座っていました。その場所が気に入っているのか、よく見かける近所の犬でした。

いつもは私に気がつくと、尻尾を振って近づいてくるのですが、その朝は大きな声で吠えつづけます。怯《おび》えているのか、威嚇しているのか、こちらがたじろぎそうな勢いでした。

頭に触ろうとすると、牙をむいて咬みつこうとします。

「どうした？　おかしいぞ」

そのとき、頭上で何かが「ユラリ」と揺れた気がして、顔を上げると、その場に座りこんでしまいました。

松の木の大きな枝に男の人がぶら下がっていたのです。

「首吊りや！」

一瞬で顔を背《そむ》けてしまいましたが、それは紛れもなく、私に咬みつこうとした犬の飼い主でした。

私は転がるように走りつづけ、娘の家に駆けこみました。

夕方まで娘の家にいて、娘婿に送ってもらって帰るときには死体は運び去られたあとでしたが、その夜、私は妻から意外なことを聞きました。

あの松の木では、今年になってもう三人もの人が首を吊っているというのです。

妻は怖がりの私には内緒にしていたようでした。

遡《さかのぼ》っていえば、この数十年のうちに村人の十人が自殺をしているのですが、全員が「峠の松の木」で首を吊ったといいます。

私は会社勤めをしていたので、近所とのつきあいもきわめて少なく、妻が内緒にしていたので、そんなことはまったく知りませんでした。

それからしばらく経った夏の暑い夜のことです。

私の家から三十分ほど離れたところに住む家のご主人が日が暮れても帰ってこないというので、みんなで探しに行くことになりました。峠のほうまで行ってみようということになったときには、すでに夜中の十二時に近い時間になっていました。

近所の人、数人と連れ立って、懐中電灯を手に細い道を進んでいきます。昼間でも暗いその道は月明かりも届かず、前の人にしっかりついていかないと、すっぽり闇に包まれてしまうといった感じでした。

やがて、ほのかに光を感じられる夜の空に黒い松の木の影が浮かび上がり、十メートルほど手前のところで立ち止まった私たちが、いっせいに懐中電灯を松の木に向けると……。

そこには十体もの首吊り死体がぶら下がり、ユラユラと揺れていたのです。

私があのときに見てしまった首吊りとおなじ姿でした。

「ワッ!」

ひとりが断末魔のような叫び声をあげたとたん、私たちは夢中で坂道を駆け降りていました。

そして、いちばん近い家に飛びこむと、手当たり次第に電話をかけ、集められるだけの人を集めて、もう一度、峠を目指しました。二十人はいたと思います。

信じられないという人に「この目で見たんだ」と、何度も説明をし、松の木の下まで辿り着いたのですが……。

松の木は静かに立っているばかりで、首吊り死体はもちろんのこと、何も見つけることはできなかったのです。

キツネにつままれたような気持ちでした。

その夜は誰もが言葉をなくし、黙ったまま、それぞれの家に帰っていきました。

ところが、それから数週間のうちに、続けて三人もの人が松の木で首吊りをしてしまったのです。

人の話によると、亡くなった人はみんな「自殺なんかするような人ではない」といいます。しかも、首を吊っていた荒縄は、どこから持ってきたのか、みんなおなじものだったということです。

そして数日後、さらにふたりが……。

たまりかねた私たちはお坊さんに来てもらい、松の木の下でお経をあげてもらいました。

「次は誰の番だ……？」

松の木に手を合わせながら、小さな声でそんなことをいう人すらいました。

しかし、お経をあげてもらったあとは、みんなの心配したようなこともなく、いつもの平穏な生活が戻り、誰もが胸を撫で下ろしました。

私の心のなかでは、あの松の木には首を吊りたくなるような気のようなものが出ているのだろうかという思いは残っていたのですが、もう大丈夫だろうと思い、数カ月がすぎてから、久しぶりに娘の家に行ってみることにしました。

もちろん、あまり気持ちのいいものではありませんが、私には自殺願望などまったくないので、不気味ささえ我慢すれば峠を越えることはできると思ったのです。

私は峠を越える近道を進んでいきました。

明るい光に照らされて松の木は堂々と立っています。

昼間なので、思ったほどの恐怖は感じませんでした。

そして、木の下を通りすぎようとしたときです。

「……ズルズル」

奇妙な音が頭上からしたと思うと、一本の荒縄が私のほうに延びてきました。

まるで、意志を持ったヘビのように……。

私は杖代わりに持っていた木で荒縄を払いのけ、大声をあげながら、振り向きもせず、全速力で走りました。

「……ズルズルズルズル……」

縄のこすれるような音が追いかけてきます。

しかし、私はつかまることなく、家に逃げこむことができました。

自殺者だと思われていた人たちは、自殺ではなかったのです。

いったいあの縄は何なのか……。もしかしたら、初めに自殺をした者が人を選ばず、自分のところに引き寄せているのかもしれません。

いまでは峠越えをする人は誰もいなくなりました。

夢のなかで死者が訴えてくる——穐田阿佐美(三十二歳)

私がまだ長男を妊娠してまもないころの話です。

霊感の強い友人が「妊婦には不思議な力があって、普段、見えないものが見えたりすることがある」といっていましたが、まさか、自分があんな恐怖体験をするとは思いもしませんでした。

あの日、妊娠三カ月の私は、いつもより仕事の帰りが遅い主人を、夕食の支度をしながら待っていました。時計の針は、もう十一時をまわっていたと思います。

「ただいま……」

玄関から疲れ果てた主人の声がしました。

「おかえりなさい」といいながら、玄関に向かった私は思わず、ブルッと身体を震わせました。

まわりの空気がいつもと違い、ひんやりしているのです。

季節は秋から冬に変わるころでしたので、そのときは、もうそんな季節になったのか、と思ったくらいでした。

「今日は夕飯、いらないよ。風呂に入って寝るね」

主人はそういうと、自分の服の袖まわりや襟首をくんくんと嗅ぎ、お風呂に入る準備を始めました。

そんな主人の後ろ姿を見ながら、少し奇妙に思い、

「どうしたの？　何か変な仕事でもしてきた？」

と問いかけましたが、主人は、

「別に……寒いから早く風呂に入りたいだけだよ」

といいます。

それでも、どこかようすのおかしい主人に戸惑いながら、私は着替えの準備を始めました。

そのとき、突然、背中に言い表わしようのないほどの寒気が「ゾワッ！」と襲ってきました。振り向くと、主人がバスルームに入っていくところだったのですが……！

主人の肩から長い髪の毛が、何本も、いえ、何十本もぶら下がっているのが見えたのです。

びっくりして目をつぶり、そっと目を開けると、髪の毛は消えていました。

〈気のせい……？〉

そう思った瞬間、今度は主人の足もとに違和感を覚えました。

床に目を向けると……、お風呂に入る前に歩いたはずなのに、そこにはくっきりと水の足跡がついていたのです。

ほんの数分のあいだに起こった不思議な現象に、私の身体は動かなくなり、その場に立ち尽くしていました。

ただごとではないと思いましたが、疲れきっている主人にすぐ問いただすことも憚《はばか》られ、私はリビングのソファに座って、主人が出てくるのを待っていました。

しばらくすると、タオルで頭を拭きながら、主人が部屋に入ってきました。

そして、その姿を見た私は、またしても凍りついてしまったのです。

主人の両肩から白い何かが見えます。それは、紛《まぎ》れもなく、青白く細い腕……。その後ろに長くて黒い髪が見え隠れしていました。まるで、主人が背負ってきたかのように見えます。

「……何があったの？ 今日……。あなたの背中に女の人が……見える……」

絞り出すように、いいました。

すると、主人は少し驚いたような顔をして、しばらく沈黙していましたが、やがて、こんなことをいいました。

「じつは、今日、人を探していたんだ。結局、見つからなかったけど……」

仕事先で頼まれ、行方不明になった人を探していたのだそうです。

「もしかして、水の事故？」

私が聞くと、主人は黙って頷きました。

私は怖くなり、玄関に塩を盛り、部屋のあちこちにもまきました。これで大丈夫。そう言い聞かせて、寝室に入ったのですが……終わっていなかったのです。

ベッドに入って三十分ほど経ったころでしょうか。

主人の静かな寝息が聞こえてきますが、私は気持ちが高ぶって、なかなか寝つくことができません。なんとか眠ってしまおうと寝返りを打ったとき、主人がうなされているような苦しげな声をあげました。

と、同時に、部屋じゅうがミシミシと音を立てたのです。

恐怖のあまり、私は頭から布団を被りました。

現実なのか、夢なのかわかりません。私は突然、ものすごい息苦しさと凍りつくような寒さに襲われました。

息苦しさから逃れようと、目を開けると、そこは水のなかでした。

「助けて！」

声を出そうとすると、口のなかにゴボゴボと水が入ってきます。

あまりの苦しさに、なんとか顔を水の上に出そうとしたとき、上のほうにボートらしい影が見えました。

ボートからふたりの男性が身を乗り出しています。そして、なんとそのひとりは主人だったのです。

私は主人に向かって必死に手を伸ばしました。

「おい、おい！」

突然、耳もとで主人の声がして、私は目を覚ましました。

「すごくうなされていたよ」

主人は私の背中を撫でながら、そういいましたが、私の身体は震えつづけ、びっしょりと汗をかいていました。

しばらくして、ようやく動悸も収まり、落ち着いてきた私は夢の話をし、

「明日、もう一度、おなじ場所を探してみて。あなたが探した場所にいるはずよ。水のなかの死体と……目が合っていたはずよ」

初めは半信半疑だった主人ですが、

「わかった。もう一度、おなじ場所を探してみるよ」

と、約束してくれました。

そして翌日、主人は女性の水死体を発見しました。

私がいったとおり、そこに女性は沈んでいたのです。

身体が岩と岩のあいだに挟まれ、水面に浮いてこなかったのだといいます。

現実か夢かわからなかった、あの奇妙な体験は、自殺を図ったものの、いまわの際に、もだえ苦しんだ女性の体験映像だったのかもしれません。

きっと冷たい水のなかから、早く引き上げてもらい、家族のもとに帰りたいという強い念が、目の合った主人や私に助けを求めてきたのでしょう。そして、あの場所に導いたのだと、いまでも、そう思います。

溺れる夢の底に潜む怪――月山玲子(二十八歳)

夫が転勤で、その支店に赴任したのは三十歳になったばかりのころでした。

赴任当日、夫は朝礼で支店の人たちに挨拶をし、ロッカールームのある二階に行こうとしました。

ふと見上げると、階段のいちばん上に若い男の人が座っています。

「あれ?」

夫は首をかしげました。

支店長からは「きみがここではいちばん若いんだよ」といわれたばかりなのに、明らかに自分よりも若い人がそこにはいたのです。

おかしいなと思いつつ、夫は黙礼をして若い男性の横を通ってロッカールームに行き、ふと気になって振り向くと、さっきまでいたその人は影も形もなくなっていたのだといいます。

気にはなりましたが、それからというもの、新しい職場は忙しく、そんなことはすっかり忘れてしまいました。

そして一週間後、支店の懇親会がありました。

夫はその支店に勤めて十年以上経つという四十代前半のベテランのパート従業員の隣の席になり、あれこれ話しているうちに、初日の若い男性のことを思い出して、何気なく、

「僕より若い人、いますよね」

と聞いてみました。

しかし、隣の席の女性は首を振ります。

「いいえ、いないわよ。あなたがいちばん若いのよ」

「でも、階段の上に座っている若い人、見ましたよ。ロッカールームの階段は部外者は使わないでしょ？」

夫が念を押すようにいうと、彼女は急に真顔になり、

「……あなた、彼を見たんだ……」

と、いったそうです。

そして、秘密めいた話をするように、顔を近づけてきます。

「まだいるのね。階段の上に座って、ジーッとオフィスのなかを見ているあいつが……。彼はね、この世の人ではないの……」

そこまでいって、女性は「な〜んちゃって」と、吹き出しました。

「なんだ、かついだんですか。いやあ、ほんとの話かと思ってゾッとしましたよ。怖い話、弱いんですから、からかわないでください」

夫もいっしょになって笑い、そのときはそれで終わりました。

しかし、そのころから、夫は「溺れる夢を見る」というようになりました。

水のなかに落ちて、必死に泳ごうとするのに、どうしても浮き上がれず、息ができなくなるというのです。

実際、夜中に「助けてくれ!」とうなされることが増えてきました。

隣で寝ている私は何度も起こそうとするのですが、なかなか目が覚めず、夫は自分の「助けてくれ〜!」という声でやっと起きるということが何度かつづきました。

「また、溺れる夢?」

「うん……。溺れて苦しいっていうより、すごい絶望感に包まれて、どうしようもないくらい辛いんだ」

「絶望感?」

「そう……。水の底に沈みながらね」

「でも、夢だから、気にしないほうがいいよ」

私はそういって元気づけようとしましたが、なんだか、夫はどんどん覇気をなくしていくように見えました。

そんなある夜のことです。

「ウ、ウウ〜」

夫がまた苦しそうな声をあげはじめました。

私は手を伸ばして夫を起こそうとしたのですが、その瞬間、夫が「ア〜ッ！」という叫び声とともに私の腕をつかんだのです。

そのとたん、私は深い深い緑色の水のなかに入っていたのです。

暗くてまわりはよく見えません。冷たい水を夢中でかきますが、私の腕には夫がしがみつき、身体はどんどん沈んでいきます。

「く、苦しい……誰か……助けて……」

そう叫ぼうとしましたが、声は出ませんでした。

このままでは、ふたりとも水の底まで沈んでしまう。そう思った私は夫の手を握り、必死で水の上のほうに向かって泳ぎました。片手で水をかき、思いきり足をばたつかせて、とにかく水の上にと強く思いました。

そして、やっと水の上に顔を出した、と思った瞬間、目が覚めました。肩で息をしながら横を見ると、夫も目を見開き、大きく息をしています。

「助かった。引き上げてくれてありがとう」

「……えっ？」

なんということでしょう。夫と私は同時におなじ夢を見ていたのです。

私は夫の夢のなかに引きずりこまれたとでもいうのでしょうか？

それからというもの、夫は毎晩のように溺れる夢を見、充分な睡眠もとれなくなっていきました。

そして、ついに心療内科に行き、「鬱《うつ》病。二カ月の休暇を要す」という診断を受けたのです。

夫は診断書を会社に提出しました。

すると、不思議なことに毎晩のように見た夢をまったく見なくなり、少しずつ体調もよくなっていきました。

本社の上司は仕事がきつかったせいだろうと、勤務内容の緩やかな別の支店への異動も決めてくれました。

私は夫の異動の連絡を受け、まだ完全には体調が戻っていない彼の代わりに、支店においてある私物を受け取りに出かけました。

同僚の方がロッカールームに荷物を取りに行ってくれているあいだ、私はロビーで待っていたのですが、そこにひとりの女性がスッと近づいてきました。

「少しお話ししていいかしら?」

「あ、はい」

「私ね、ご主人から最初の懇親会のときに、階段に若い男の人が座っているって聞いたことがあるの」

あの主人をかついだパートの女性でした。

私が、その話は聞いているというと、女性は声を潜めました。

「驚かないでね」

そう前置きをして、女性はこんな話をしてくれたのです。

十年前、東京の有名大学を卒業したばかりの男性が入社してきたが、ひとりの上司に執拗にいじめられる日々が続いたといいます。

ある日、無断欠勤をした彼とどうしても連絡がつかず、みんなで心配していたら、夕方になって、警察から連絡が来ました。

彼は近くにあるダムに飛びこんで自殺してしまったのです。

「その翌日よ。私、はっきり見たの……あの階段のいちばん上に座っている彼を……。自殺に追いやった上司は責任を取って辞めたし、人も入れ替わって、この話を知っているのは、もう私だけなの。だから、ご主人の話を聞いたときは震えてしまったわ……」

この話を聞いて、不思議な現象の謎がすっかり解けた気がしました。

本当のことを話してくれたパート従業員の女性にお礼をいって、そろそろ荷物を持ってきてくれるころだと階段を見上げたとき……、いちばん上に黒い影のようなものが見えました。

逆光になっていてよくわかりませんが、人が座っている……そんな形にも見えます。

〈違う、違う！　怖い話を聞いたせいで、錯覚よ！〉

そう思いこもうとしているとき、夫の荷物を抱えた同僚の方が階段を下りてきたので、ホッと息をつきました。

「お世話をおかけしました」

私が一礼して顔を上げると、その人は焦点がまったく合っていないようなぼんやりした目をこちらに向け、こういったのです。

「せっかく、オレの人生……やり直そうとしたのに……あんたに邪魔された……」

「えっ？」

私はびっくりして、正面から同僚の顔をじっと見ると、彼は、

「あれっ？　僕、どうしたんだろう？」

と、我にかえったような顔でいいました。

私は荷物を引ったくるように受け取ると、挨拶もそこそこに支店から外に出ました。

あの夢は、いったい何だったのでしょう？

夫は十年前に自殺した男性に取り憑かれていたのでしょうか？

階段の上の人影は？

同僚が口にした不気味な言葉の意味は？

何も答えは見つかりません。

ただ、夫は異動先の支店で元気に働き、溺れる夢を見ることはなくなりました。

黒い布を被り無言で立つ「あいつ」——高木義昭（二十三歳）

これは十七歳になる妹のアミが小学校のころに体験した話です。

学校からのいつもの帰り道、屈んでいるおばあさんがブツブツと何かしゃべっていました。

「だいじょうぶだよ……だいじょうぶだよ……」

アミは心配になって「どうかしましたか？」と聞いたそうです。

すると、おばあさんは肩を揺らし、ゆっくり振り返ると、不気味な笑みを浮かべてこういったそうです。

「ほら……だいじょうぶだった」

この意味不明の言葉を耳にしたとたん、アミの視界は真っ暗になり、次に光が差したときにはタイムスリップしたかのように、まったく知らない道に立っていたといいます。

細くて薄暗く、長い一本道、両側は鬱蒼とした雑草で覆われています。

〈ここはどこ？　私はどっちに向かって歩けばいいの？〉

アミは夢遊病者のようにふらふらと彷徨《さまよ》いながら歩きました。数十メートルほど行くと、前のほうに人影らしいものが見えます。

異変に気づいたのはそのあとです。

〈なんなの？　この人……〉

全身が隠れるような黒い布を被り、無言で立っています。顔が見えないので表情もわかりません。ただ「ハア……ハア……」と息の漏れる音が聞こえるので、人であるような気はしました。

「あの、すみません。道を、教えてください」

他に方法もなく、アミはその気味の悪い人物に声をかけました。

すると、無言のまま、林のほうを指さしたそうです。

アミは大人の身長よりも高い草のなかを進んでいきました。

何が起こったのかわからず、無我夢中で草をかき分けていると、心のなかで誰かが囁《ささや》きました。

「こっち……こっちへ……おいで……」

方角もわからない道をどうやって進んだのか、妹にはこのときの記憶がまったくないそうなのですが、気がつくと、直径二～三メートルの、草がまったくない空間に立っていました。アミが立っていたのは、その中央にポカンと口を開けた五十センチくらいの穴の前でした。

暗闇と静寂に支配されたその穴は、まるでアミを待っていたかのように存在していました。

アミは両手をついて穴のなかを覗きこみました。そうしなければならないような気持ちになってしまったのだといいます。

しかし、暗い穴のなかは数十センチ先も見えません。

じっと見ていると、睡眠術にでもかけられたかのように、意識が遠のき、穴のなかに落ちてしまいそうになります。

穴から離れようとすると、何かが聞こえてきました。

穴のずっと底のほうから聞こえてきます。

アミは何かに操られるように、再び、穴のなかを覗きこみました。

次の瞬間、

「ア〜〜〜〜〜〜〜〜ッ！」

女の悲鳴のような声が聞こえてきたかと思うと、いきなり「グワッ！」と泥だらけの手が飛び出してきて、アミの首をつかもうとしました。

反射的に後ろに飛び退いたアミにまで、手は届かず、そのかわり、首の前で揺れていた大事なペンダントがもぎ取られたのでした。

バランスを崩したまま、逃げ出そうとしたアミは、そこで自分がいつもの帰り道、あのおばあさんに会った場所にいることに気がつきました。

夢でも見ていたのかと、手で探ってみましたが、首にかけてあったはずのペンダントはなくなっていました……。

アミのこの奇妙な体験は、僕を含めて家族の誰も知りませんでした。当時、子供心に話していけないと思ったのか、信じてもらえないと思ったのでしょう。

しかし、十年の歳月を超えて、妹がこの話をしたのにはわけがありました。

数日前、バイトを終えた妹が家に帰ってくると、門の前に黒い人影が立っています。

アミは血の気を失い、倒れそうになったといいます。

あいつだったのです。黒い布をすっぽり被った不気味なあいつ……。

声も出せないアミの前で、黒いあいつはゆっくりと手を上げ、我が家のほうを指したそうです。

その指は、はっきりとアミの部屋を指していました。

その場から逃れるように家のなかに駆けこみ、自分の部屋に入ったアミは、机の上を見て、息を呑みました。そこには、十年前、泥だらけの手にもぎ取られた、あのペンダントが置かれていたのでした。

妹の体験は何かの前触れなのでしょうか。

黒い布を被ったヤツ、泥だらけの手はいったい何者だったのでしょう。

僕たちだけでは、解決できません。

どなたか、教えてください。

老朽図書館の地下書庫――斉藤仁（三十七歳）

これは、近所にある図書館であった本当の話です。

その図書館は先ごろ、そっくり移転となり、古い建物はそのままで、区が運営する地元名士の記念館に変わりました。

恐怖を覚えた、あの地下倉庫……。いまでは、立ち入り禁止の札がかけられています。

それは、猛暑の兆しが現われはじめた七月半ばころのことでした。

仕事が休みだったので、昼近くに起きた僕は、のんびり昼食をとったあと、図書館へと向かいました。借りていた本の返却日がその日だったのです。

大通りに出ると、制服を着た学生たちが連なるように歩いていました。すぐ近くに高校があるのですが、おそらく期末試験で、昼過ぎのその時間にはもう下校していたのでしょう。

僕は販売の仕事をしているので、その日のように平日が休みということも少なくありませんでした。学生たちに挟まれるように駅に続く通りを行くと、上り道になり、その途中に図書館はありました。

角を曲がって、図書館に入ると、強い日差しがさっと途切れ、一瞬、目の前が暗転したようになります。なかの空気はひんやりしていて、薄暗く、先のほうで白い蛍光灯が光っていました。

ドアを閉めると、表の喧騒はすうっと消え去っていきました。

こういった古い建物にある、特有の雰囲気でしょうか……。

なぜか、いつも切り離された世界に足を踏み入れてしまったような気持ちになります。

図書館のなかはそこそこ人が入り、左手の奥のジュニアコーナーからは時おり子供特有の甲高い声が聞こえてきます。

右手のカウンターに向かうと、

「こんにちは！」

水色のエプロンをした司書の女性が明るい声をかけてくれました。

僕はカバンから本を取り出すと、カウンターに置き、返却をすませると、そのまま右手奥へと進みました。

そこには料理やファッション、女性向け雑誌の棚があり、さらにその先に、僕がよくつろぐ小説コーナーがありました。

いつものように、そこに行こうとしたとき、

〈あ、そういえば……〉

思い出したことがありました。

それは、返却したばかりの小説の内容のことでした。

海外作家のサイエンスフィクションですが、僕の好きなジャンルで、とくに今回の本は環境問題をテーマにしたとても興味深いストーリーだったのです。

本を読みながら、自分も少し勉強しなければならないと感じたことを思い出し、僕は引き返して、ジュニアコーナーの手前にある階段を下りていきました。

「ギシギシ……ギシギシ……」

一歩足を下ろすごとに、軋《きし》んだいやな音がします。

二階に上がる階段はしっかりしているのですが、地下に向かうこの階段は、やけに老朽化していました。

踊り場を曲がるとすぐに下のフロアになっているので、その部屋は天井がとても低く、圧迫感すら覚えます。

部屋には誰もいませんでした。……少なくとも、僕はそう思いました。

地下書庫には専門書が集められているので、そこまでやってくる人はめったにいないの

です。もちろん、僕も数回しか来たことがありません。

棚の横にある案内を見ながら、奥に進んでいくと……ありました。

『科学・自然科学』の文字が目に入り、棚のあいだの通路に入っていきましたが、そこは狭くて、まるで壁に挟まれているようでした。通路には一方側からしか入ることができず、反対側は白い壁でふさがれていました。

僕は『地球科学』のコーナーに並んだ本を眺めていきました。さすがに、あまりなじみのない難解なタイトルがつづきます。

しかし、そんななかに僕が知りたかった、地球の環境にまつわることが載っていそうな本がありました。その本を取ろうと、手を持ち上げると、目線が少し上に向かいます。

そこにできた隙間……そこから、誰かがこっちを見ていました。

「ウッ……」

上げた手が、そのまま止まります。本を取り出すことが躊躇《ためら》われました。

棚の向こうに人がいたのですが、考えてみれば、いても当たり前のことです。しかし、あんなにしっかり目が合ってしまうと……。

僕は棚の上段へと視線を移しました。おそらく、向こうの人も気まずさを感じていることでしょう。

僕はしばらく、『天文学』のコーナーにある本の背表紙に目を走らせていました。

それから、もう一度、さっきの本を取ろうと顔を上げたのです。

……また、目が合いました。

まるで僕のことをずっと見ていたようです。

……いえ、実際、ずっと見ているのです。僕が動くと、その目は追ってきました。

何か、いいたいことでもあるのでしょうか。

その場で話しかけてもいいのですが、どうせ狭い場所なので、僕は棚を回って、向こう側の通路に顔を出しました。

「……あれ、おかしいな……」

まさか、見間違い……？

狭い通路には誰もいないのです。

通路に入るには片側しか開かれていませんから、入れ違いになることもなく……と、考えると、もともと誰もいなかったのでしょうか？

それは、考えられません。

僕は、もといた通路に引き返しました。

突然、

「ギシッ！　ギシッ！　ギシッ！　ギシッ……」

不気味な音が響きます。足音のようでした。

僕はギクッとして上を見上げました。

上の階を誰かが歩いているようなのですが、その音は大きく、いまにも底が抜けて落ちてくるのではないかと思うほどです。

やがて、足音は遠ざかっていきました。

〈やっぱり、ボロい建物だなあ……〉

少し気味が悪くなった僕は、さっさと本を選んで上の階に戻ろうと、さっき取りかけていた本に手を伸ばしました。ところが……、

「ウ、ウワッ……！」

棚と本の隙間から、じっと僕を見ているものがあったのです。

目です。ふたつの黒くて大きな目……。

女性の目に違いありませんが、そうだとすると、ずいぶん背の高い人でした。僕の目の高さとちょうどおなじところにそれはあったのですから。

ただ、じっと僕を見ています。それが、やけに僕をいらだたせました。

「……な、なんだ、いたずらか？」

腹を立て、向こう側に回りこみました。

……いません。

言い知れぬ恐怖が足もとから這い上がってきたとき、

「……ベチャッ」

黒い塊が床に落ちました。

……本です。

やはり、そこに誰かいるのです。

その場所は僕の立っているちょうど裏側に位置しています。硬いリノリウムの床に落ちた本は、開いていて、大きく広がった表紙のあいだからは折れ曲がった白いページが見えました。

次の瞬間、僕は吸い寄せられるように、その本に手を伸ばしていました。いま思えば、まるで催眠術か何かにかかったみたいでした。

「……読んで」

か細い声が耳もとで聞こえました。

僕は腰をかがめながら黒い本に手を伸ばします。そのとき、本の下から、何か赤いものが流れているのが、チラッと目に入りました。

同時に本のタイトルが目に飛びこんできます。

その文字を読んだとたん、ハッと我にかえりました。

「……うわああああああぁ！」

僕は階段に向かって走りました。

僕があの地下書庫に行ったのは、それが最後になりました。もう二度と行きたくはありません。

それでも、あのときの光景は脳裏に焼きついて離れないのです。

黒い本のタイトルとともに……。

『ワタシが　この屋上から　飛び降りたときのハナシ』

第二章　冥界からの不気味な警告

午前三時三十三分の人形たち――市原理沙(二十三歳)

「ハァ〜ッ……」

私は見慣れた黒い天井に目を向けたまま、大きく深呼吸をしました。

いやなことがあったとき、決まって深呼吸をするのは、吐き出した息といっしょに悪いものが身体から出ていく気がするからです。

その日、私は母の実家にあたる、祖母の家に泊まっていました。母が三十年ほど前に使っていたという六畳ほどのこぢんまりした部屋は、普段使う人もいないので、少しかび臭く感じられました。

子供だった母が集めたらしいぬいぐるみやおもちゃが、部屋の隅のほうに無造作に置かれています。そして、古い人形たちがズラリと並べられていました。

夏休みのあいだだけ、その部屋に泊まることになった私は、まず、寝る場所に困りました。スペースは充分にあるのですが、問題はどの方向に布団を敷くかです。

南に枕を置くと、頭の上には埃《ほこり》だらけのおもちゃの山があります。

それがいやで、北に枕を持っていって横になると、ズラッと並んだ人形たちと「目が合ってしまうのです。

去年までは隣にある広めの部屋で寝ていたのですが、少し前にやってきたゲリラ豪雨のせいで、雨漏りがするようになってしまい、人形と同居するしかありませんでした。

〈頭の上が埃っぽいより、まし……〉

私は北側に枕を置きました。落ち着きません。

「裏返すか……」

独り言をいいながら、人形たちを一体ずつ裏返して、「よし、ＯＫ」と、布団の上に座ったとたん、人形がいっせいにこちらを振り返る光景が頭をよぎりました。

「あ……無理、無理……」

私は再び、人形の向きを変えました。

時計を見ると、午前二時になっています。

こんな時間まで、ひとりで人形相手に何をやっているんだろうと、おかしくなり、私は枕を抱えたまま、人形に背を向けて横になりました。そもそも、目をつぶれは、何も見えないのだし……。

電気を消して目をつぶったとたん、吸いこまれるように眠りについていました。

しばらくすると、息苦しさに目が覚めました。

何かが胸の上に乗ってでもいるかのように、重いのです。覚醒しない頭で、なんだろうとぼんやり考えながら、手で、「重いもの」を払いのけようとしました。

ところが、腕が動きません。腕だけでなく身体全体が押さえつけられているように動かないのです。

「……重い……誰か、助けて……」

そういったつもりの声は、空《むな》しいかすかな吐息にしかなりませんでした。このままだと、本当にヤバイ……そう思ったとき、フッと身体の力が抜け、自由が戻ってきました。

すっかり目が覚めた私は、これが話に聞く「金縛り」というものかなと思いましたが、何しろ初めての体験だったので、自分の身に起きたことがよく理解できませんでした。

そして、身体の向きを変えたとたん、並んだ人形たちの目がいっせいに私を見ました。

「ドクンッ」

私の心臓がはねました。

この人形たちの仕業……？　まさかそんなはずはありません。

「ハァ〜……」

深呼吸をしました。

動悸も落ち着いたので、もう一度眠ろうと思い、携帯で時刻を確かめた私は、再び恐怖を感じて「ウワッ」と叫んでしまいました。

三時三十三分……。

数字が並んでいる……。こういうときの偶然ほど気持ちの悪いものはありません。

急いで携帯を閉じようとした私は、そこに異様な影を見つけてしまいました。携帯の液晶画面に映る私の顔、その後ろに、ぼんやりと黒い人影が……。

反射的に振り向きましたが、もちろん、そこには誰もいませんでした。

その日は朝まで熟睡することはできず、明るくなるのを待ちましたが、翌日からは変わったこともなく、夜の気味悪さもあまり感じない日々が続きました。

けれども、終わってはいなかったのです……。

数日後、いつもよりも涼しく感じられ、よく眠れるだろうと思ったその夜、横になったとたん、耳鳴りが始まりました。テレビやパソコンの見過ぎかと思いましたが、一向に収まりません。

そして、またあの感覚が私を襲ったのです。

誰かに乗られているような重さ。前よりもずっと重く感じられます。

顔を歪め、目を開けると、人形たちがいっせいに私を見ました。

「ドクンッ！」

心臓が大きく鳴った瞬間、身体の重みは消えました。

身体をゆっくり起こし、汗で額にはりついた前髪をかき上げながら、携帯を見ると……

三時三十三分。私は起き上がって、何度も深呼吸を繰り返しました。

いったい何があるのだろう。何かのメッセージを送ろうとしているのだろうかと考えました。

翌日の昼間、明るいところでじっくり見ると、人形たちはずいぶんと汚れていました。ずっと放置されていたので無理もないのですが、そのとき、私は昔、祖母がいっていた言葉を思い出しました。

「人形はね、人から愛されて、初めて価値が生まれるの。言葉を持たないものには優しくしないとダメよ」

誰もいない日々、この人形たちはずっとこの部屋にいたのかと思うと、切なく、寂しい気持ちがこみあげてきました。

私はその日、人形の服を脱がせてすべてきれいに洗い、人形は一体一体、身体も顔もきれいに拭いてあげました。

夕方、洗い立ての服を着せられ、きれいに並んだ人形たちに夕日が当たったとき、その顔は心なしか、笑っているように見えました。

それから、私が夜中に金縛りにあうことも、重さを感じることもなくなりました。もうすぐ来る冬休みには、また人形たちに会いにいってみようと思っています。

死のドライブで腕を失くした男——増野亜由美(二十六歳)

友達の智子に誘われて、筑波山まで深夜のドライブに行くことになりました。智子と彼氏の車、そして、私と私の彼の車、二台で出かけていったのは、夏の暑い夜のことです。

私たちは後ろについていきましたが、前を走る智子の彼氏の車はかなりのスピードを出して走っていました。深夜で対向車もなかったのですが、さすがに「やばいな」という感じはしていました。

私の彼も負けずにスピードを出しています。しかし、智子たちの車が信号を無視して交差点に突っこんでいった瞬間、私は叫び声とともに、固く目をつぶりました。

智子たちの車が、左折してきた乗用車とぶつかってしまったのです。

胸がドキドキしました。

車を道の端に急停車させ、大急ぎで走っていくと、助手席の智子は額から血を流しながら、泣いています。そして、

「彼が……彼が、いないの……」

といいます。

フロントガラスが粉々に割れ、運転席は空っぽになっていました。

智子は幸いにも大きな怪我はなかったらしく、シートベルトを外して車から降りると、必死で彼氏の名前を呼びながら、車のまわりを探しはじめました。

そのときです。

坂道になっていた道路の上のほうから、何かが「ゴロン」と転がってきました。

それは……人間の腕でした。

「ギャー！」

悲鳴をあげて、智子はその場で気を失ってしまいました。

智子を支えたものの、私も吐き気がし、その場に座りこんでしまいました。

車の下からは血がどんどん流れてきます。救急車を呼んだあとも、車の下を見る勇気はありませんでした。

智子の彼氏は即死でした。

まだ、二十六歳という若さで……。普段は決してスピードを出す人ではなかったそうです。それなのに、どうしてあんなに急いでいたのでしょうか。

葬儀から三日が過ぎた日のこと、智子の家の二階に私はいました。まだ、平静になれない智子が心配でそばについていたのですが、ふと外を見ると、すぐ傍を流れる小さな川の上をオレンジ色の光が近づいてくるのが目に入りました。

〈人魂だ……。彼だ……〉

背筋が寒くなりましたが、智子には知らせないほうがいいと思って、私は黙ったまま、じっと身体を硬くしていました。そのとき、

「ピンポーン！」

と大きなチャイムの音がしたので、思わず、「キャッ！」と声をあげてしまったのですが、それは彼氏のお母さんが智子に会いに来たのでした。

仲良くしてくれたので、お礼に来たということです。お母さんは玄関先で少し智子と話しただけで、帰っていきました。

私は、ひとりで二階の窓から帰っていくお母さんの後ろ姿を見ていたのですが……お母さんの上に「フワリ」とオレンジ色の光が現われ、そのままついていくかのように浮遊しはじめたのです。

智子が部屋に戻ってきたので、急いで窓を閉めたのですが、「なんで窓閉めるの？　暑いじゃない」といいながら、彼女は窓を開けました。

智子の目にもはっきり見えたようです。

「オレンジ色の光……。きっと、彼なんだよね。……さよなら……」

智子はそういって泣き崩れました。

それから一年が過ぎました。

智子はあの日以来、行っていなかった事故現場に行って、お花やお菓子や彼氏の好きだったコーラをお供えしたいといいます。

私はもうひとり、仲のよかった友達を誘っていくことにしました。

彼女には事故の詳細はもちろんのこと、事故現場だということも話さないでいっしょに行き、車のなかで待っていてもらって、智子とふたりだけで、黙っていろいろなものをお供えしました。

事故現場に手を合わせ、車に戻ると、いっしょに行ってもらった友達が、

「ちょっと待って」

と車を降りると、お供えの置いてあるところまで行き、お菓子の袋を開け、ジュースのキャップを開けて、車に戻ってきました。

「何してるの？　開けると腐ってしまうよ」

私がそういうと、友達は、

「だって、開けられないって。手を探しているよ。右手がないって……」

と、いったのです。

智子は泣き崩れ、私はハンドルを持つ手が震えて、無事に家に帰り着けたのが不思議なくらいでした。

その友達に霊感があるなんて知らなかったのです。

せめて、智子には聞こえないようにいってほしかった……。

道で御守りを拾ったばかりに……　——高山弘文（二十四歳）

これは五年前に起きた本当の話です。

近所の道を歩いていると、道端に黒いものが落ちていました。

何気なく拾い上げてみると、黒い布に赤い糸で「まもる」と刺繍された御守りでした。

ずいぶん古ぼけていましたが、そのころ何をやってもうまくいかなかった僕は、そのまま持っていることにしました。

それがあんなことになるなんて、知るよしもなく……。

その夜、奇妙な夢を見ました。

どこか知らない道をただ歩きつづけるだけの夢。それがやけにリアルで、目を覚ましたあとも、鮮明に思い出すことができるのです。

起きあがったとき、異常に疲れていることに気づきました。まるで、さっきまで運動していたかのように息が切れていました。

そして、その夢は毎日のように続き、疲れはどんどん蓄積していきました。ついに、「過労と睡眠不足」と診断され、入院までする羽目になってしまったのです。

けれども、深刻な病気というわけではありませんでしたから、三日後には退院して、さっそくエリと久しぶりにデートすることになりました。

約束の十分前にはいつもの公園に着き、ブランコに乗って待っていると、エリは少し遅れてやってきました。

「ゴメーン、待ったぁ？」

公園の入口で手を振ったエリでしたが、そこで足を止めると、さっきまでの笑顔が一瞬にして凍りついたように消え、やがてゆっくりと解凍していくように恐怖で引きつった顔へと変貌していきました。

そして、何もいわず、そのまま逃げるように走り去ってしまったのです。

エリの異様な行動に呆然としていると、「トゥルルルル、トゥルルルル……」と携帯が鳴りました。

エリからです。

「いったいどうしたんだよ」

「……どこから……連れてきたの？」

「何が？」

「ヒロの……後ろ……」

「えっ？」

エリのいっている言葉の意味がわからないまま、振り向きましたが……誰もいません。

「何もないよ」

わかるように説明してくれというと、エリがいうには、嫉妬と怨みに満ちた目が僕の背後からエリを睨んでいて前に進めなかったということでした。

「最近、変わったことなかった？」

エリに尋ねられ、ふと例の御守りのことを思い出し、ありのままを答えると、

「それよ！ 早く捨てて！ 何かが来てるの、ヒロのそばまで！ 早く捨てて……じゃないと……死んじゃうよ……！」

携帯から悲鳴のようなエリの声が響いてきます。

「死ぬ？ おい、死ぬって……どういうことだよ？」

「もしもし、どうした？ エリ！ もしもし！」

「……フフフフフフ……」

次の瞬間、プツンと携帯は切れました。

最後の笑い声……。エリの声ではありません。

何度かけなおしても携帯はつながらなかったので、僕は家に戻ることにしました。御守りを家に置いたままにしてあったからです。でも、それが正しい判断だったかどうか、いまでもわかりません。

部屋に戻ると、御守りは机の上にありました。

エリにいわれたとおり、御守りを外に投げ捨てようとすると、畳の上に何かが落ちました。御守りのなかに入っていたものが落ちたのです。

「なんだ？ これ……」

出てきたものは、髪の毛のようなものでぐるぐる巻きにされています。気味悪く思いながら、黒い糸状のものをほどいてみると、幾重にも折られた白い紙が現われました。広げてみると、文字が目に飛びこんできました。

「アナタハ　ワタシノモノ　ホカノヤツラニ　ワタサナイ」

文字を読んだとたん、なぜか身体の力が抜けていき、視界がぼやけてきて、プツンと意識が飛びました。


〈ここは……？〉

僕は家の前に立っています。

なんだかよくわからないまま、玄関に足を踏み入れたとたん、どう表現すればいいでしようか、いままでに感じたことのない違和感が周囲を取り巻いていることに気づきました。

〈部屋のなかに誰か、いる……？〉

そんな気配がして、そっと障子の隙間から和室を覗いてみると、机の上に御守りの中身が散らばっているのが見えました。

そして、畳の上に誰か……、いいえ、僕が寝ているのです。

パニックでおかしくなりそうになるなか、頭のなかでひとつの疑問が渦巻きました。

〈だったら、僕は誰なんだ？〉

自分の手のひらに目を落とし、ゆっくり身体に目をやりました。

……血だらけの白いワンピース、傷だらけの腕……。

部屋の片隅にある姿見に恐る恐る目を向けると、そこには、青白い肌、ザンバラの髪、隈《くま》ができた白い目の、見たこともない血だらけの女が映っていたのです。

〈誰だ？　誰……誰……誰……〉

その言葉だけを連呼していたと思います。すると、耳もとで誰かが囁きました。

「フフフフフフ……ワタシヨ……」

それは、あのとき、携帯から流れてきた声とそっくりでした。

えもいわれぬ感覚に陥り、ふつふつと不気味な感情が心を支配しようとしてきます。

「ウラギラレタ……ニクイ……ニクイ……コロス……！」

耳もとでワンワンと声が響きます。

そのときでした。

「ヒロ、ヒロ！　起きて、早く起きて！」

エリの声が僕を現実に引き戻しました。

身体は自分のものに戻っていました。

そう思った瞬間、背中にゾクッとするような感覚がして、振り返ると、障子の隙間から白い目が覗いていました。

「助かった……!」

「スーッ……」

障子がゆっくり開いていきます。

僕は、震える手で広げていた白い紙を御守りのなかに詰めこむと、窓から外に投げ捨てました。

そのとたん、障子の隙間にあった白い目はかき消すようになくなっていました。

翌日、エリのおかげで助かったと伝えるために電話をしました。

すると、エリのお母さんが涙声で、こういいました。

「エリは昨日、心臓発作で亡くなりました……」

僕が体験したこの出来事がいったい何だったのか、わかりません。

しかし、これだけはいえます。決して道に落ちている「黒い御守り」だけは拾わないでください。

こんな体験をしたくなければ……。

病室のベッドの下に潜む「お兄ちゃん」――横山美枝子（三十五歳）

友人の子供が入院していたときの話です。

少しばかり長い入院で、付き添っていなければならない友人は毎日たいへんだと話していました。

それでも、聞き分けのいい子で、最初のうちは四六時中ついていなくても、ひとりで本を読んだり、看護士さんと話をしたりして、友人が家で用事をすませているあいだはおとなしくしていてくれたそうです。

ところがあるとき、友人がちょっとトイレに行こうとすると、子供は離れることをいやがり、なかなか行かせてくれません。なんとかなだめてトイレに行き、病室に戻ると、子供は、

「もう～！　お母さんがトイレに行くから、お兄ちゃんがべーってするやん！」

と、怒ったように、アッカンベーの仕草をしました。

「誰？　お兄ちゃんって……？」

友人は病室のなかを見まわしましたが、相部屋にはおなじ年頃の女の子が眠っているだ

けで、ほかに人影はありません。

「そうなん？　お兄ちゃんが遊びにきてくれたん？」

子供に問いかけてみましたが、大きく首を振ります。

「違うよ～。遊びにきたんじゃなくて、意地悪すんねん」

「意地悪されたん？　ほんなら、今度、お母さんが怒ってあげるわ」

他の病室から入院患者の子供がやってきて、意地悪をしたのだと思った友人は、そういって子供をなだめました。

「べ～ってせんようにいってよ、お母さん」

「わかった。今度お兄ちゃんが来たらいうから」

そういうと、子供は、

「お兄ちゃん、おるやん」

といいます。

子供のいっていることが理解できず、黙って顔を見ていると、ベッドから身体を乗り出してきたその子は、

「ほら、ベッドの下に」

と、いったそうです。

覗いてみましたが、ベッドの下には誰もいません。

そのときは、それ以上詳しいことを聞くのをやめ、買ってきたプリンをいっしょに食べたあと、友人は心を落ち着かせて、もう一度、子供の話を聞いてみることにしました。

「お兄ちゃんな、ママを待っているあいだに、ツルツルを喉に詰まらせて、死んじゃったんやて」

子供は無邪気にそういいました。

友人の子供は母親のことを「お母さん」といいます。近所やいっしょに遊ぶ子供たちのなかにも、母親を「ママ」と呼ぶ子はいないので、このとき初めて「ママ」という単語を子供の口から聞いたそうです。

自分には見えない「お兄ちゃん」と我が子は話をしたのでしょうか？　しかも、この場で……と思うと、友人は思わず子供を抱きしめて、身体を震わせたそうです。

古い民宿に棲む親切な幽霊――岡田あおい（二十五歳）

「あれ？　私のお土産、どこに行ったか知らない？」

昼過ぎに買ったキーホルダーを探して、旅行カバンをかきまわしている私の横で、彼はすでに大きないびきをかいて寝ています。休暇前の連日の残業に加え、猛暑のなかの長時間の運転のせいで疲れがピークに達したのでしょう。

「それにしても……」

と、並べて敷かれたカビ臭い布団に目をやりました。なぜ、こんな古めかしい、ボロい民宿を選んでしまったのだろうと、いまさらながら、悔やまれます。築何十年かわかりませんが、畳はところどころ擦り切れ、部屋や廊下も暗くて、いまにも幽霊か妖怪が出てきそうな雰囲気です。

「疲れて、さっさと寝たほうがよかったかもね」

私はふうっと溜め息をつきながら、何となく、行方不明のキーホルダーについての記憶をたどってみました。

「あっ……！　温泉の脱衣所？」

少し心細い気もしましたが、私は数時間前に行った地下一階の温泉まで探しにいくことにしました。

もちろん、ひとりで……。時刻は深夜の二時をまわっています。

ロビーやフロアの照明はすっかり落とされ、手探り状態の暗闇のなか、非常灯の明りだけを頼りにゆっくりと階段を下りていきます。

そのとき、急にトイレに行きたくなったので、一カ所だけ、明りが煌々《こうこう》とついている女子便所に足を踏み入れました。

そのとたん、目の前に女性が「いる」気配を感じました。

私は反射的に踵《きびす》を返し、そこから跳ね返されるように駆け出しましたが、はっきりと「幽霊」を見たわけではありません。でも、感じたのです。そして、それは背後から追いかけてきているような気もしました。

ようやく地下の温泉に着いたときには、汗で腋の下が冷たくなっていました。

案の定、脱衣所も真っ暗です。女湯の引き戸に手をかけ、ゆっくり開けると、激しいシャワーの音が耳に飛びこんできました。

「こんな時間にお風呂に入っている人がいるの？　こんな暗がりで？」

不審に思いながらも、脱衣所に入っていくと、今度は「キュッキュッ」と蛇口を閉めるような音がします。そして、静かになったかと思うと、浴場の扉の磨《す》りガラス越しにぼんやりと青白い光が無数に浮かび上がってきました。

……人魂？

恐怖で総毛立ちましたが、ここまできた目的を思い出すと、このまま、簡単に引き返すわけにもいきません。

「お～い、お土産、どこかなぁ？　キーホルダー！」

私は恐怖心を和らげるために、わざと大きな声を張り上げながら、必死で探しまわりました。

そのあいだずっと、さっきの女子便所で感じた気配が、私をじっと見ているような気がしていたのですが、恐怖心が生んだ単なる妄想だと自分に言い聞かせました。

結局、お土産のキーホルダーは見つかりませんでした。

部屋に駆け戻ると、彼は相変わらず、幸せそうな顔をして眠りこけていました。

ここで彼を起こして話をするのも気の毒だと思ったので、私も眠ることにしました。

カビ臭い布団に潜りこむと、いつしか深い眠りに落ちていました。

朝になって、昨夜のことを思い返してみましたが、何事もなかったように感じられます。

窓から差しこむ光のまぶしさを避けるようにして、彼のほうを振り向くと、すでに起き上がって煙草をふかしていました。寝起きのせいか不機嫌なようです。

「おはよう。よく眠れた？」

「……おまえなあ、まったく、いいかげんにしろよな。昨日、連れてきただろ」

「えっ？」

話を聞くと、昨夜、眠っていると思いこんでいた彼は、実は目が覚めていたのだそうです。

彼はもともと霊感が強いタイプで、私が部屋に戻ってきたときにいっしょに女性が入ってきたのを見たといいます。白い服を着た髪の長い、二十歳くらいの若い女性……。私が感じた雰囲気と一致していました。

彼女は私が布団に潜りこんでからもずっと何か考えこんでいるようすで、しばらく私のそばに佇んでいたといいます。私はスーッと血の気が引いていくのを感じました。

「ま、まさか……、いまも、ここにいる？」

恐る恐る彼に尋ねると、いまはもう消えたと答えました。

「幽霊は明るい場所には出られないんだよ」

自信たっぷりに話す彼の言葉に、ホッと胸を撫で下ろしました。

そして、ふと枕もとを見ると、見覚えのある小袋が置かれているのに気がつきました。なかを確かめると、キーホルダーが入っています。

「あれ？　なんで？　このお土産、探しに行って、結局見つからなかったのに……」

ふたりで顔を見合わせました。

「ふ〜ん。届けてくれたんじゃないの？　いい幽霊じゃん」

彼はそういいました。

「そう……だね。ありがとうって、お礼いわなきゃ。……また、出てこられても困るけど」

素直に喜んでいいのかどうかわからない、ビミョーな感じの夏の恐怖体験でした。

死神からの手紙——館　正隆（二十八歳）

小野田直也は、私の親友でした。

小学校二年生から六年生まで同じクラスで、いつもいっしょに遊んでいました。

その直也が、中学入学を控えた三月二十九日に隣町に引っ越すことになりました。引っ越しの直前、直也は私にこんなことをいいました。

「駅の西口に黒沼公園があるだろ？　あそこのトイレ、使用禁止になってるの、知ってるか？　あそこな、昔、何人も自殺者が出たんだって。あのトイレができてから、十人以上の人がトイレで首を吊ったらしい」

直也の話に、私は思わず、

「ウソだー!」

といってしまいました。

直也はいいヤツでしたが、たまにウソをつくことがあったので、つい疑ってしまったのです。

「ウソなもんか。あそこは自殺の名所で、雑誌でも取り上げられたくらいなんだから」

黒沼公園は駅から十分ほどのところにあって、いまでこそ西口には店が並んで賑わっていますが、当時はそのあたりは淋しく、黒沼公園は昼間でも薄暗いような場所でした。

とはいえ、自殺者が出たなどという話は、誰にも聞いたことがありません。信じがたかったので、私は直也に向かって、

「ウソつき!　ほら吹き小野田!」

といってしまいました。

そして、直也のランドセルに「死神　嘘八百」とペンでいたずら書きをしてしまったのです。

怒った直也は、それ以降、私とは口もきかなくなりました。

そして直也は、そのまま引っ越していってしまったのです。

中学に入学する直前、私はアクシデントに見舞われました。家の近くの道路で足を滑らせ、右足を骨折してしまったのです。晴れの入学式にはギプスで出席しましたが、一ヵ月後にはそれも外すことができました。

しかし、このころから私のまわりで奇妙なことが起こりはじめたのです。

夏の暑い日でした。

寝苦しくて、何度も寝返りを打っていた私は、いきなり誰かに足を引っ張られました。両方の足首をギュッとつかまれ、ベッドから引きずり下ろされてしまいました。

おなじことが次の日も、その次の日も起こり、さらに、明け方には何かに締めつけられて身動きがとれなくなることもあったのです。

私は本が好きでよく読んでいましたが、そんなときにも奇妙なことが繰り返されました。本を読んでいる最中にぼんやりすることがあって、ふとページに目を戻すと、開いているページがいつも四十二ページなのです。

また、授業中に指名されて問題を解いたり、本を読んだりするときは、いつも決まって四十二ページでした。

中学三年生のとき、修学旅行に出かける直前に風邪をひいた私は、無理をして参加したものの、二日めにはダウンしてしまって、ひとりで宿に残って寝ている羽目になってしまいました。

夕方になっても、ひとりで寝ていると、突然、風が吹きはじめました。

「ヒュー……ヒュー……ヒュー……」

何度も窓を風が打ちつける音を聞いていると気味が悪くなり、早く収まらないかと思ったのですが、収まるどころか、

「ヒュー……ヒュー……バン！」

と、音はどんどん大きくなっていきました。

それが二時間も続いたころ、私の目の前に人の姿がふいに現われました。

初めはぼんやり見えていたのですが、徐々に鮮明になっていき、やがて顔がはっきりわかりました。

見覚えのある顔でした。

細い目……、こけた頬……。

直也……？

「元気？」

直也は笑って、話しかけてきました。

しかし、私は無視しました。

こんなところで、こいつと関わりたくない……それが、そのときの正直な気持ちでした。

「元気？」

直也は、また話しかけてきましたが、私は目をそらしました。

すると、直也は私にこう聞いたのです。

「オレって、ウソつきか？　ほら吹きか？」

私は無視しつづけましたが、直也のほうは執拗でした。何度も何度もおなじことを聞くのです。身も心も疲れきった私はついに根負けしました。

「直也、すまなかった」

私がそういうと、直也の姿はスッと消えていきました。

そして、同時にあれほど激しかった風の音もやんだのです。

修学旅行から帰ると、私は押し入れにしまってあった卒業アルバムを引っ張り出しました。私と直也が写っている六年二組のページを恐る恐る開いてみると、そこにはジャングルジムで仲良く遊ぶ私と直也の写真がありました。

次に、私は卒業文集を手に取りました。

実は直也の文集は卒業以来、一度も読んでいなかったのです。

直也のページを開くと、そこには一枚の紙が挟まっていました。

なんだろうと思って開いてみると、それは便せんくらいの大きさの紙で、「Xくんへ」と書かれていました。

「Xくんへ。

いままで、ありがとう。

きみとはたくさん遊んだし、いろんなことを教えてもらった。感謝している。

でも、きみはオレのことを嘘つき呼ばわりした。

そのことは、オレを失望させた。

いつの日か、きみと再会するときが来るだろう。そして、そのときには、オレが嘘つきだったかどうか、きみは身をもって知ることになるだろう。

その日まで、さようなら」

手紙にはそう記されていましたが、その紙の右下には「死神」という文字が書かれていました。

私はゾッとして文集を閉じました。

目をつぶり、直也と喧嘩した日のことを思い出しました。あのとき、直也は一瞬、悲しそうな顔をして私を見ました。そして、それは、すぐに憎悪に満ちたものになり、私を睨みつけていました。

あのとき、直也を傷つけた……そう思いいたった私は、心のなかで、

「直也、ごめんな」

と何度も詫びました。

その日以来、私のまわりで起きていた奇妙な現象は消え、ぐっすり眠れるようになったのです。

高校に入学する直前、黒沼公園のトイレで自殺者が出ました。

噂を聞いた私は、内心、ゾッとしました。

伝え聞くところによると、自殺したのは隣町に住む同学年の人間だといいます。

それが誰なのか、私はいまも知りません。

以来十数年、毎年四月二日になると、見覚えのある顔が夢のなかに現われます。そして、彼は、白い歯を見せて、私に笑いかけるのです。

「そう……きみ、見えちゃうのか……」――竹山千秋(二十七歳)

これは、友人の佳美から聞いた話です。

彼女は四年前に北海道から上京し、東京でSEの仕事に転職しました。転職先の会社では、独身寮のかわりに不動産会社からいくつかの賃貸マンションを借りていたそうです。上京したばかりのころ、彼女も会社から、ある私鉄沿線にある賃貸マンションを紹介されました。

その物件は最寄り駅から徒歩十分弱、四階建てのワンルームマンションでした。小さなクローゼットがひとつだけで、バスとトイレがいっしょのユニット式だったことは少し不満でしたが、そうそう贅沢もいっていられません。

家賃は安かったので、彼女はそのマンションに入居しました。

実家から送ったものは最小限の身のまわりのものとノートパソコンくらいで、家電製品は休みの日にでも買いに行こうと思っていたので、当初はかなり殺風景でした。

けれども、仕事が始まると帰りは遅くなり、ほとんど寝に帰るという感じだったので、あまり気にしなかったそうです。

入居して一週間経った水曜日のことでした。

夜遅く帰宅した彼女は着替えもせず、化粧も落とさないまま、倒れるように眠ってしまいました。

どのくらい経ったかわかりませんが、彼女は急に寝苦しくなって目を覚ましました。

眠い目をこすりながら、携帯を見ると、午前二時十一分になっています。

「もうこんな時間かぁ。お化粧くらい落とさないと……」

ベッドから起き上がって、化粧落としのコットンを取ろうとテーブルの上に目をやったとき、ユニットバスから水の滴る音が聞こえてきます。

「あれ？ 帰ってから洗面所使ってないけどな。朝、蛇口ちゃんと閉めてなかったのかな？」

暗がりのなか、ユニットバスに行き、明かりをつけてみましたが、蛇口はきちんと閉められていて、水も流れていませんでした。

不思議に思いながら、薄暗い部屋に戻った彼女は電気をつけるのも面倒くさく、電気もつけないで化粧を落としはじめました。

そのとき、背後に何かの気配を感じたのだといいます。

後ろにあるクローゼットから、何ともいえない気配が……。

ブルッと震えながら、彼女は壁の照明スイッチをONにして、恐る恐るクローゼットを見てみました。……とくに変わったようすはありません。

「疲れてるからかなぁ」

彼女は、何事もないと自分に言い聞かせ、ベッドに潜りこみました。

それから一週間後の水曜日、風邪をひいてしまった彼女は会社を休み、一日じゅう寝ていました。日中、ずっとうつらうつらしていたのに、夜になっても引きこまれるように眠ってしまったそうです。

しかし、夜中にまたあの寝苦しさに襲われ、起きてしまいました。

携帯を見ると……午前二時十一分……。

「えっ？　また……？」

つぶやいたとたん、ユニットバスからまたしても水の滴る音が聞こえてきます。

「なに？　いったい、なんなの？」

熱っぽくふらつく身体で、彼女はユニットバスを覗きました。しかし、やはり水は一滴も出ていなかったのです。

背中がゾクゾクしてきたのは、熱のせいばかりではありません。

彼女は部屋に戻ると、照明をONにして、そのままベッドに横になりました。部屋を暗くする気にはなれなかったのです。

早く朝になればいいと目をつぶったそのとき、

「カタン！」

と、かすかな音がしました。

それはクローゼットのなかから聞こえてきたような気がしました。

布団を被ったまま、そっと寝返りを打ち、クローゼットを見ると、きちんと閉めたはずの扉がかすかに開いています。

そして、黒い隙間から、誰かがじっとこちらを見ているのです。気のせいではありません。たしかにふたつの鈍く光る目が……。

彼女は頭から布団を被ると、クローゼットに背を向け、身体を硬くしました。恐怖と熱からくる悪寒にガタガタ震えながら、やがて、気を失うように眠ってしまったそうです。

翌日、熱も下がらないまま会社に行った彼女は、上司にマンションでの一件を話し、わけを問いただしました。

上司は溜め息をひとつつき、こういったそうです。

「そう……きみ、見えちゃうのか……」

彼女が借りたマンションには以前、古い銭湯があったそうですが、バブル期に地上げにあい、地鎮祭もしないまま、マンションの着工をしたということでした。

そのせいか、水場に何かが集まってしまうらしい、というのです。

「私には何も見えないんだが、とくに悪いことをするわけじゃないらしいし、きちんと水気を拭き取っておけば、出てこないみたいだよ。でも、やっぱり他に移るよね……」

上司はそういいましたが、彼女はそれだけではないことを感じていました。あの目は邪気に満ちていた……。

その理由を聞いても、上司は話してはくれないでしょう。

彼女はその日のうちに引っ越しの準備をし、翌日、会社に辞表を出したそうです。

悪夢が現実とつながるとき――桑原雅人（三十四歳）

またか……。

明け方、自分の身体が凍りついたかのように動かなくなりました。

高校生だったころ、金縛りにあうのはすでに日課のようになっていて、それ自体に大きな恐怖を感じたことはありませんでした。受験が迫っていたので、疲れがたまり、金縛りにあいやすいと思っていたのです。

いつものことだ……そう割りきって、我慢しようとしたとき、これまでに経験したことのない衝撃が私を襲いました。

夜明けのうっすらと白みを帯びた光を感じていた私の瞼《まぶた》が、いきなり黒く覆われ、その闇のなかにある光景が浮かび上がってきたのです。

古い民家……。塀に立てかけられたはしご……。小窓らしいもの……。家のすぐ脇を流れる小川……。軒に吊るされた玉ねぎ……。

どれもが古めかしいものばかりでした。

〈これはたしか、母さんの実家……？〉

母の実家は滋賀県の能登川《のとがわ》と呼ばれる地域にあります。

私の知っている母の実家のようすとは違うところもあります。私が知っているあのあたりの、数十年前の光景、といった感じでした。

その映像はすぐに消え、再び目の前が真っ暗になると、耳もとで年老いた男性の声が聞こえはじめました。

「私は、きみを……知っている……。苦しい……。苦しい……」

その声を聞いたとたん、私は胸をひっかきたくなるような苦しみを覚えました。汗が噴き出し、耐えられない地獄のような苦しみが全身を包みます。

苦しさのあまり、このまま死んで楽になりたいと思ったほどでした。

「きみの生まれた一カ月後……。きみの生まれた一カ月後……」

苦しむ私の耳もとで男性は囁きつづけます。

その直後、私は大声をあげて、飛び起きました。目が涙で濡れています。

起きてからもしばらくは身体の震えが収まらず、恐怖と疲れで身体が思うように動きません。吐き気もしたので、私はその日、学校を休みました。高校生活のなかで休みを取ったのは、この日が最初で最後でした。

翌日になっても締めつけられるような苦しさの感触は消えませんでした。食べ物も喉を通らず、私は母に体験したことをそのまま話してみたのです。

普段、霊的なものや非科学的なものはいっさい信じない母でしたが、私の話には熱心に耳を傾けてくれました。

私が見た光景が、昔の母の実家にあまりにも酷似していたからです。

とくにはしごの色や、家の脇を流れる小川にあった小さな水車のようなものは、昔はあったもので、私が直接見たものではないのです。

「きみの生まれた一カ月後……。きみの生まれた一カ月後……」

あの男性の言葉の意味も気にかかりました。

「ねえ、僕の生まれた一カ月後に、親戚のなかで誰か亡くなってない？　昭和五十年の七月十九日ごろになるのかなあ……」

母はしばらく黙りこんでいましたが、やがて重い口を開きました。

「たしかにいたわ。私のお祖父さん、だから、おまえにとってはひいおじいちゃんの兄弟か、従兄弟だったような記憶がある。はっきり思い出せないけど、おまえを産んですぐ、蒸し暑いころにお葬式に出席したのを覚えてるわ」

私の体験は夢ではなく、現実としっかりリンクしていたのです。

「その人、気管支系の病気だった？　すごく息苦しかったんだ」

私の質問に母は「昔のことだから覚えていない」と答えましたが、さすがに体調の悪い私を心配し、地元の霊能者に相談に行きました。

母によると、霊能者は私の写真を眺めたあと、いくつかのアドバイスをしたといいます。まず、私に憑依《ひょうい》したのは実際に過去にいた親族で、唯一の婿養子としてやってきた男性であるということ。そして、決して悪霊ではなく、私を守っているということ。さらに、その男性の墓で供養すれば、怖い体験もなくなり、体調は戻るし、これからの私の成績も含めて、すべてがうまくいくようになるということでした。

この話を聞いて、母はさっそく実家に出かけ、過去にいたはずの婿養子を探し出しました。

母方の親族にたったひとりいたその人は、結核で亡くなったということです。そして、命日は昭和五十年の七月十九日だったのです。

私の体験と霊能者の指摘が何もかも一致したことを知ったとき、そこに居合わせた母方の祖父母も母も、なぜか涙が止まらなかったといいます。

その一週間後、親族が集まって供養が営まれました。

その供養を境に、私に大きな変化が表われたのです。夜中に金縛りにあうこともなく、ぐっすりと眠れます。それに合わせて、伸び悩んでいた教科の成績が飛躍的にアップし、無理だと思っていた国立大学に合格することができました。

あれから十数年の月日が流れました。

私はフリーで地方のラジオディレクターとして働き、高校時代からの夢だった「音楽番組を制作したい」という夢を実現させました。

いまでも、ときどき、あの男性が夢枕に立つことがあります。しかし、恐怖はまったくなく、無言のまま、優しい笑顔を私に向けていることを感じています。

かつては霊や非科学的なことなど、いっさい信じず、現実主義一辺倒だった私や家族ですが、いまでは毎日のように仏壇に手を合わせるようになりました。

冥界につながるエレベーター——桜木翔馬(二十九歳)

私が医療機器の営業員をしていた数年前のことです。

ある夜、仕事を終えて帰る支度をしているところに、電話が鳴りはじめました。時計はすでに午後九時を回っています。

「やばいなあ……」

思わず、溜め息をついてしまいました。

そんな遅い時間にかかってくる電話といえば、発注ミスがあったか、緊急の機器を届けるようにとの連絡に決まっているのです。

自分の担当ならば仕方ありませんが、他の社員の顧客にまで対応する気持ちはありませんでした。ためらっていると、同僚が受話器を取りましたが、悪い予感はあたるもので、それは私の担当する病院からのものでした。

めったにないことですが、救急で運ばれた子供の手術中にカテーテルに不具合が出たということでした。

　在庫は充分にあるはずだし、何が起こったのかわかりませんが、ともかく急を要する内容だったので、取るものも取りあえず、必要な機器を用意して病院に駆けつけることになりました。

〈新米ドクターにありがちな取り扱いミスか……？〉

　ふと、そんなふうに思いましたが、それは私の想像にすぎません。

　すでに暗く静まりかえった病院に到着し、足早にエレベーターに向かいました。

　緊急事態には直接手術室に入って、機器の設置をすることも考えられますから、その覚悟もしていました。

　七階のオペ室前に着いたとき、しかし、その必要はなくなったことを悟りました。

　ドアを開けて出てきた看護師さんが私の顔を見て、ゆっくり首を振ったのです。

　間に合わなかったようです。

　患者さんは子供と聞いていましたので、本人もご家族もどんなに無念なことだろうと、重い気持ちでエレベーターホールに引き返しました。

　そして、自分がたったいま乗ってきたエレベーターのボタンを押したのですが、開きません。上にある表示ランプは「7」を指しているのに、停止したままのエレベーターは何も反応しないのです。

何度かボタンを押していると、急に背後からゾッとするような冷気が流れてきました。同時に生ぐさい臭いも漂いはじめます。

振り向いた私は、その場で凍りつきました。

頭から血を流している男女が手術室のほうから歩いてくるのです。

呆然としている私の前までふたりが来ると、エレベーターのドアが「スーッ」と音もなく開きました。

なかは真っ暗です。ただ電気が切れているという暗さではなく、一寸先も見えない、漆黒の闇でした。

ふたりは躊躇することもなく、闇のなかに入っていきました。まるで吸いこまれるように、消えていったのです。

エレベーターのドアは、再び音もなく「スーッ」と閉まりました。

〈バカな……！　そんなバカな……！〉

目の錯覚か、夢であってほしいと思いました。

エレベーターのボタンを押して確かめる度胸はありません。

私はガクガク震える足で、逃げるように階段を下りていきました。

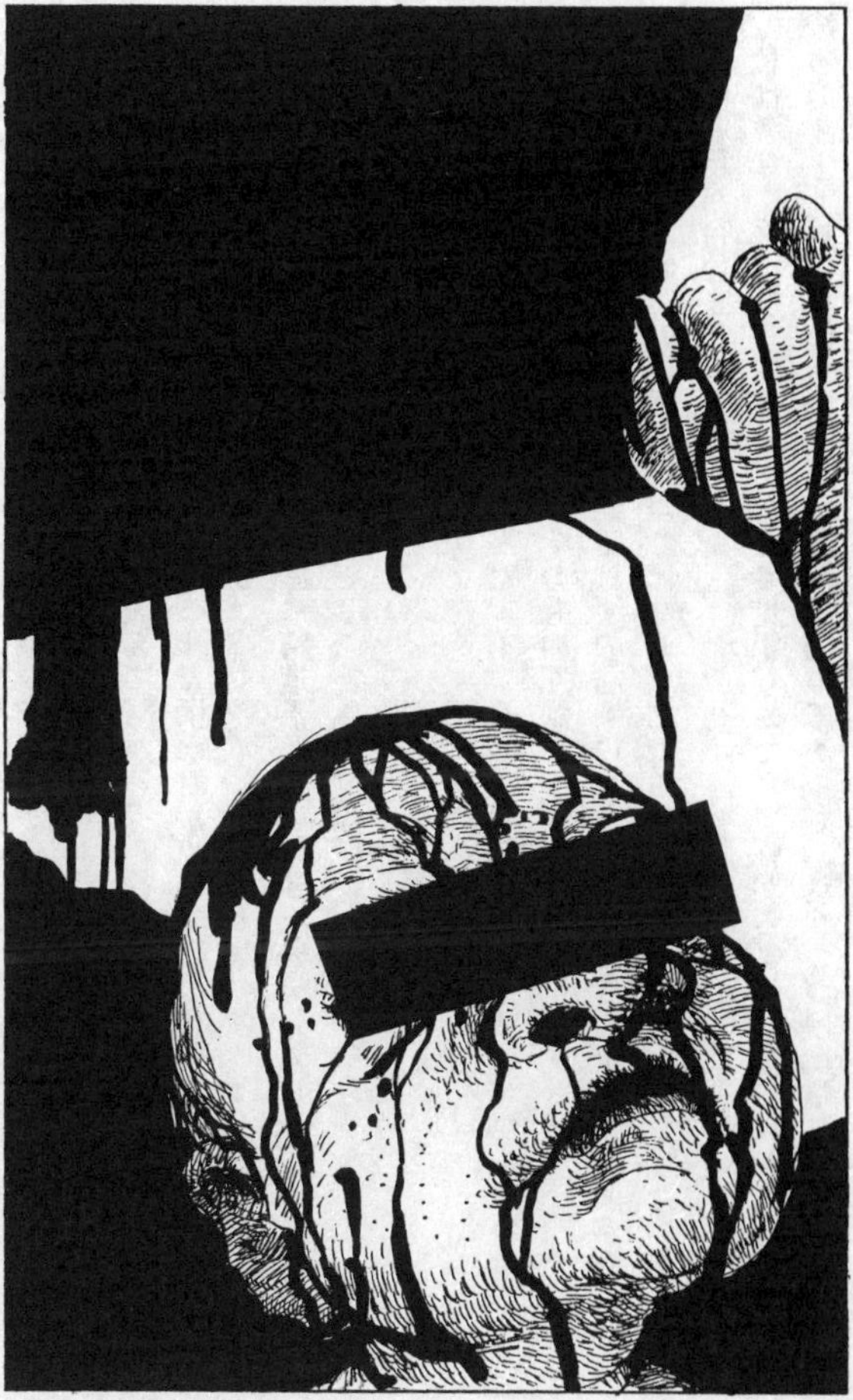

異様なものを見たせいでしょう。車に乗りこんでからも、頭が締めつけられるように痛く、両肩にはズシリと、これまでに感じたこともないような重さがありました。

考えまいとすればするほど、身体が震えて、ハンドル操作も危ういほどでした。

やっとのことで、会社に帰り着くと、まだ明かりが点いています。

同僚が待っていてくれたのでしょう。

一刻も早く会社を出て、彼と居酒屋に精進落としに行きたい気分でした。

持ち帰った医療機器を棚に戻そうとしたとき、同僚が、

「ヒッ……！」

と、乾いたような声をあげました。

「お、おまえ、何を持って帰ったんだよ！　その、こ、子供……」

「患者さんは亡くなったんだ。タチの悪い冗談を……」

と、答えながら機器を持っているはずの右手に目をやったとき、全身に鳥肌が立ちました。私が握っていたのは医療機器ではなく、血だらけの幼子の、白い手だったのです。

同僚と目が合いました。

私は激しく手を振り払うと、あとも見ず、ふたりで転がるようにその場から逃げました。

後ろのオートロックのドアが閉まる音を聞いてからも、走りつづけました。

そして、その夜はネオンの輝く町に身を置いて、朝まで飲みつづけました。

あの夜、病院に運びこまれた男女ふたりと子供が亡くなったかどうか、私には確かめる気は起こりませんでした。

血を流しながら男女が乗っていったエレベーター……あれは、冥界への入口だったのでしょうか？

もし、私が乗ってしまっていたら？

幼子は、なぜ私についてきたのでしょうか？

ちゃんと手術を受けられなかった無念さを訴えていたのでしょうか？

しばらくして、私も同僚も会社を辞めました。

いま、私は田舎に帰って漁師をしています。

緊急の呼び出しもない自然を相手の落ち着いた生活ですが、ただひとつだけ、気にかかることがあります。

凪《な》いだ日に船の上から穏やかな波間に目をやると、血だらけの子供が私の背中にしがみついている姿を水面が映すことがあるのです。

あの世からの警告――内山まゆみ(十九歳)

私が奇妙な心霊体験をしはじめたのは、中学一年生のころからです。

そのなかで、いまでも忘れられない出来事を聞いてください。

中学二年生の夏休み、私は友人の家に泊まりに行きました。

仲のよい友人で、いつもいっしょにいたのですが、それでも話がつきることはなく、気になっている男の子の話などをしていたら、午前二時をまわっていました。

次の日は映画を観に行く予定だったので、さすがに寝たほうがいいだろうと、友人はベッドに、私はベッドの下に布団を敷いて横になりました。

どのくらい経ったかわかりませんが、ふいに目が覚め、自分の身体が動かなくなっていることに気づきました。金縛りです。疲れたときなど、ときどき経験していましたが、今回の金縛りはいつもと少しようすが違います。

〈目を開けてはいけない……!〉

なぜか、そんな気がしました。

固く目をつぶり、金縛りが解けるのを待っていたのですが、一向にその気配はありません。お腹のあたりにずっしりと何かが乗っているような重さを感じます。しかも、それはどんどん重くなっていくのです。

もう、耐えられない、と思ったとき、今度は首をしめつけられました。

目をつぶっているどころではありません。

カッと目を開けると、私の上に黒い塊が覆いかぶさっていました。

それは、作業着を着た五十歳くらいの男の人でした。

「ポタ……ポタ……!」

頰のあたりに冷たい何かが落ちてきます。

……血です。

男は血だらけで、「ウーッ、ウーッ……」とうめき声をあげているのでした。

そして、その苦しげなうめき声の合間に、懸命に何かをいっているのです。身体を動かすことのできない私は、全身の神経を耳に集中させました。

「……行くな、絶対に……」

そう聞こえました。

私がその声を認識したとたん、男の身体はフッと私から離れ、吸いこまれるように、天井のなかに消えていきました。同時に、私の身体に自由が戻り、助かったと思った瞬間、

天井全面に大きく男の顔がグワッと現われ、

「絶対に行くな!」

と叫んだのです。

私はベッドで寝ている友人をたたき起こしましたが、すでに男の顔は消えたあとでした。たったいま見たことを話しましたが、友人がどこまで信用したかわかりません。

「絶対に行くな!」とは、映画のことを指しているとしか思えませんでした。そのまま朝まで起きていましたが、気味が悪いので、予定していた映画に行くことはやめました。

そして、友人の家でお昼までゆっくりし、ふたりで昼食をとりながらテレビを見ていると、事故のニュースが飛びこんできたのです。

それは私たちが行こうとしていた映画館の前で起こっていました。車が歩道に乗り上げ、映画館の前に並んでいた人たちを大勢巻きこんでしまったということでした。

もし、私たちがあの列のなかにいたとしたら……。

考えただけで、膝が震えました。

あの不気味な男の人は、私たちを守ってくれたのです。

私たちには、その理由がまったくわかりませんでしたが、友人のご両親にその話をすると、「このことは絶対に人にいわないで、胸に秘めておいてほしい」と前置きしたあと、こんなことを教えてくれたのです。

友人の家は一階が居酒屋で二階が住居という造りになっていて、ご両親は居酒屋を経営しています。

それは、まだ友人が生まれる前の話だそうですが、店のなかで酔ったお客さんが他のお客さんに絡《から》み、大げんかになったことがありました。

絡んだ人はまもなく店を出たのですが、実は、家に帰って包丁を手に戻ってきていたのです。そうとは知らない、絡まれたほうの人が店を出てしばらく歩いたところで、刺されてしまったというのです。

人通りも少なくなった時刻で、明け方に発見されたときには、すでに死んでいたそうです。

亡くなったお客さんは五十歳くらいで、建築現場で働いていました……。

その人は、その居酒屋が好きで、毎日のように来ていたそうです。

私たちを守ってくれたのは、その人に違いありません。

第三章　怨霊の棲む空間

老婆が彷徨《さまよ》う「子取り」の峠道

――美川泰之（六十八歳）

昭和二十年代はどこの家庭もみんな貧しい生活をしていました。

しかし、悪ガキにとっては、毎日毎日が面白く、町のあちこちに自然が溢れていました。

戦後、空き地や廃屋はいたるところにあったのです。

そこは宝の山で、空き缶やビン、古釘なども格好の遊び道具になりました。拾った釘は竹や木をけずるナイフに、拾った鉛は溶かして釣りの重りや玩具にしました。朝飯前のことです。

川はカニやヤゴ、小魚がたくさんいて最高の遊び場でしたが、同時に危険も溢れていました。あのころはふとしたことで、怪我をしたり、ときに命を失うこともありました。そのために親たちだけでなく、悪ガキのあいだでも危険回避のための不文律がありました。

「自分たちのテリトリーで遊ぶこと」

この掟《おきて》を破ろうとするときは「子取りにさらわれる」という呪文で縛られました。

そんななかで、ひとりの悪ガキが消えました。

川に流されたらしく、諦めきれない母親は気がふれたように姿を消し、残った一家も町から消えるように越していきました。

あれから六十年、残った悪ガキたちはそれなりに無事に歳を重ねたらしいけれども、消息はわかりません。私は久しぶりに山の空気を吸ってこようと思い立ち、ひとりで、昔、遊んだ山に向かいました。

「何も、こんな日に」

といった妻の言葉をいま、それなりの意味があったのだと思い返しています。

途中のコンビニでお茶がわりのビールとおにぎりを買い、日帰りのハイキングに出かけました。

あのころのテリトリーだった裏山を越え、地元では菊水山と呼ばれる四五九メートルの山を目指しました。山は自宅からも遠望できるため、侮《あなど》っていましたが、思いもよらず、なかなかの急勾配でした。

山には大きな木が少なく、むき出しの雑草とあちこちに転がっている大岩のあいだをひたすら登っていきました。太陽を背中に燦々《さんさん》と受けて気持ちが晴れ晴れするようでした。

ようやく頂上に着いたときには、心地よい達成感とすがすがしい疲労感があり、出かけてきてよかったと、大きく伸びをして、そこに寝ころびました。

頂上には十人ほどのハイカーがいて、お弁当を広げていました。

時計を見ると、午後一時。午前九時に家を出たので四時間もかかったのかと、眼下に広がる霞がかったおとぎ話の世界のように小さく見える町を見下ろしました。

ビールとおにぎりで腹を満たすと、つい、うとうととまどろんだようです。

目が覚めると時計は三時をまわっていましたが、そのとき、何を思ったのか、すぐ目の前にある鍋蓋山を越えてやろうと思い立ちました。菊水山より、わずかに高い山です。

〈もう一度来るのはしんどいが、ここからなら、充分夕方には帰れる〉

そう判断しました。

あのころなら、絶対に行かなかったでしょう。自分たちのテリトリーを越えることでしたから。

私は何かに憑《つ》かれたように鍋蓋山を目指しました。

思った以上に険しい山だと気づいたときには、半分も登っていました。

菊水山と異なり、鬱蒼とした雑木林に覆われていて、折り重なった落ち葉に何度も足を滑らせてしまいました。

もう必死で山頂を目指すしかありませんでした。

ちょうど山の七合目あたりで、ふたりの女性ハイカーに出会いました。

「こんにちは。いまから山越えですか？」

「ええ」

「大丈夫ですか？　気をつけて……」

その言葉が、ふと気になりました。

鍋蓋山は雑木が陽を完全に遮断しているせいか、陰《いん》の気がどんよりと覆っています。

重い気持ちを振り払って、山頂に辿り着いたときにはすでに四時を十分ほどまわっていました。私は一息つくまもなく、帰途につくことにしました。ここからは一本道、尾根伝いを東に向かって急ぎました。

途中に神社とも、お寺ともつかない奇妙な社《やしろ》があり、あたりを見ると「太子道・町へ」と道標がありました。

人気のない山のなか、薄暗い大木が頭上を覆っています。

「ここをまっすぐ行けば早い」

私はまっすぐ谷に落ちていくような道を降りはじめました。

なぜか背中がずっと冷たく、気が急《せ》いてきました。

谷筋のためか陽は当たらずどんよりと薄暗い道でしたが、まもなく町が見えるだろうと思ったとき、突如、盛りあがったところに突き当たりました。

見ると、隆起した道の上に巨大な犬が二匹、道を遮断するようにして、敵意をむき出しにして左右に動きまわっています。

道は一本道です。

「引き返すか」

そう呟いたとき、頭上の見上げるような大木の黒い木の葉が風もないのにざわざわと揺れはじめました。

ふと何かの気配を感じて後ろを見ると、いつのまにか、手の届きそうなところにひとりの老婆が座っていました。

いいえ、地面から四十センチくらいのところに浮いていたのです。

老婆は何かを確かめるように、じっと私の顔を見つめていました。

その顔には何の表情もありません。

一度に汗が引くのを感じ、私は一瞬で、正面突破を決めました。

犬に突進しました。すると、獰猛そうな犬たちは、どうしたことか、すうっと両側に道を開けました。勢いよく駆けだしたまま、私は道を下りました。

しばらく走って、後ろを振り向くと、なんと老婆がついてくるではありませんか。座ったままの姿で、道の上を滑るように降りてきます。

「帰ってくれ!」

心のなかで祈りました。

すると、老婆の表情が一変しました。

白髪交じりの髪の毛が空に向かってブワーッと逆立《さかだ》ち、顔が真っ青に変わりました。目の縁が異常に赤かったことも覚えています。
二、三十メートルの距離を保ったまま、ずっと無言のままついてきます。
〈このままだと、家までついてきてしまう〉

そう思った私は思いきって立ち止まり、声をかけました。

「帰りなさい、山に帰りなさい」

そういうと、どういう意味か身体を左右に小刻みに揺らしながら、悔しそうな顔をして、奇妙にもこちらを向いたまま、ものすごいスピードで山奥に消えていきました。

遠のいていく老婆の異様に赤い目の縁が脳裏に焼きつきました。

しばらく行くと茶店を見つけ、私は飛びこみました。

茶店の硬い椅子に腰かけ、女主人が出してくれた水を一気に飲み干しました。

そして、汗を拭こうと手ぬぐいを出しましたが、なぜか首筋の皮膚はからからに乾いていて、しばらくしてから、噴き出すように冷たい汗が出てきました。

そんな私のようすを見ていた茶店の女主人は、まるでいま起こったことを知ってでもいるかのように話しはじめました。

「……昔は、子取りいうてな、行方のわからなくなった子供のことをそういいましてん。たいがいは川に流されたと思うのですけどな、親は諦めきれません。子取りにあって山にさらわれたと思えば、わずかの望みも託せますでしょう。子供の名前を呼びながら、この道を狂わんばかりに駆け上がる母親が何人もいたそうですよ。そのまま、山から帰らない母親もいたそうです」

「帰ってこないって？」

「帰ってこない母親ですか？　いまでも探してはるのかもしれませんな、この山のなかで」

そういって両目をつぶり、小さな声で続けました
「あのころ、川は怖かったですよね」

私は茶店の前を流れるせせらぎの音を聞きながら、誰にいうともなく「ほんまに」と答えました。

あの目の縁が赤い老婆に、遠い過去の出来事が胸のどこかで重なりました。

彼女が帰っていった山を闇が覆いはじめています。

私は深く一礼して帰途につきました。

道路脇の花束から聞こえる奇妙な声

——正木寛樹（二十八歳）

それは、仕事で遅くなった夜のことでした。

夕食もとらないで頑張っていたので、お腹が空いてしまった私たちはどこかに食べに行こうと、職場の同僚といっしょに車に乗って出かけました。

夕方のラッシュアワーの時刻はとっくにすぎていましたが、その日は珍しく渋滞していました。

なかなか進まないと思うと、空腹感がつのります。

先のほうを見ると、工事中の標識が見え、さらにその向こうに簡易式の信号機がありました。片側通行になっているため、車の流れが悪かったのです。

「ああ、お腹、空いた！」

「まったく、すぐに食べられると思っていたからなあ」

焦ってもしかたなさそうなので、車の窓を開け、ぼんやりと街灯に浮かぶまわりのようすを見ていました。昼間はかなり暑かったのですが、夜の空気はひんやりとしています。

それにしても、車の列はなかなか動こうとしません。

私はハンドルを握ったまま、窓から首を出して、遠くに見える信号を確認しようとしました。

そのときです。

「……自転車が……」

という声が聞こえたような気がしました。

とても小さな声だったのですが、たしかにそう聞こえました。

その道路には、両側に広い歩道があり、普段から歩行者も自転車に乗った人も、よく行き来していました。通学に使う学生は少なかったようですが、夜になると塾に通っているのか、自転車を使う学生の姿も増えるようでした。

そんな学生の声かな、と思ったのです。

「……自転車が……」

再びおなじような声が聞こえたとき、なぜかスッと背筋に冷たいものが走るのを感じました。

誰かが助けを求めているのかもしれないと思い、身を乗り出して、あたりを見まわしましたが、歩道を歩いている人も、自転車に乗っている人もいません。

「おまえ、聞こえた？　あの声……」

助手席の同僚に尋ねましたが、彼は「えっ？」といいながら、首を振りました。

ところが、次の瞬間、

「……自転車が……起こせない！　道路に張りついて、起こせない！」

はっきりと、大きな声が聞こえたのです。

それは、男の子のような声でした。

私たちは顔を見合わせました。

「倒れてるから、見えなかったのか」

そういいながら、もう一度、今度は道路の上を注意深く見ました。前方も、後方も……。

誰もいません。

車はのろのろと進んでいき、街灯の下まで来たとき、私はそこに照らし出されたたくさんの花束を見つけてしまいました。まだ、新しい、きれいな花束ばかりです。

「……自転車が……起こせない！」

さっきの声が絶叫のように車内にこだましました。

ハンドルを握る手が震えました。

しかし、信号が青に変わったのか、前方の車がスピードを上げはじめ、私も祈るような気持ちでアクセルを踏みこみます。

ちょうどそのとき、前方に向けた私の視線の端には、道路の上にある水たまりのような黒い染みが見えました。

夢中で窓を閉めましたが、「……自転車が……」という声は、私たちの車のあとを追いかけるように、いつまでも聞こえていました。

廃墟と化した避暑地のホテルで……——高橋成志（四十一歳）

私はしばらく、そのホテルの前で立ちつくしていました。

二十年ぶりに見る懐かしいはずの景色はあまりにも変わり果てていました。

昔、よく手入れされていた庭には、背の高い雑草が好き放題に生い茂り、緑の絨毯《じゅうたん》のようだった芝生の痕跡さえ見られず、枯れたススキの穂の陰から乱雑に積みあげられた白いテーブルと椅子が垣間見えるだけでした。

建物もひどい状態です。

風雨に晒《さら》された壁の塗料は醜い瘡蓋《かさぶた》のように剝げ落ちています。完全に打ち捨てられて、人の気配はどこにもありませんでした。

どこからか、かすかに死臭が漂ってきそうな雰囲気……。

自分の昔の美しい思い出が穢《けが》されたような気がして、悲しくなりました。

大学時代、ゼミ合宿で近くの安い宿に滞在していた私たちは、夕方になると、よくこのホテルの前を散歩したものでした。時おり、なかから美しいハープの音色が流れてきたり、人々の楽しそうなざわめきが聞こえてきたりしました。

隣接するテニスコートからはボールを打ちあう規則正しい音が聞こえ、決して裕福ではなかった僕たちにとっては、まるで夢の世界でした。

合宿の最終日、一度だけ、ホテルに入ったことがあります。東京に向かう列車を一本遅らせて、ホテルのレストランにコーヒーを飲みに行ったのです。

ハープは本物でした。

吹き抜けの天井は高く、その空間を何本もの軒の梁《はり》が複雑に交差しています。

染みひとつない真っ白なテーブルクロスの上に置かれたロイヤルコペンハーゲンのコーヒーカップ、銀のスプーン……。

すべてが洗練された空気を醸し出していて、いつかこんな高原の避暑地でゆっくりと夏を過ごせるようになりたいと思ったのは、私ひとりではなかったでしょう。

そんな二十年前の夏のことはすっかり忘れていましたが、秋の終わりにちょっとした用事で信州を訪れた私は、ふと、昔のことを思い出したのです。

あのホテルはどうなっているだろうと、少し足を延ばしてやってきたのでした。

ホテルの駐車場にアスファルトを破って、背の低い雑草が生え出ているのを見たときから、悪い予感はありました。そして、目の前に悪い夢のような景色が現われたのです。

ホテルの前にどのくらい立ちつくしていたか、わかりません。

私はゆっくり、ホテルの敷地を一周してみました。

テニスコートの表面は醜くくすんで、太い轍《わだち》が入っています。見上げると、ホテルのひとつひとつの窓がそれぞれ深い闇を宿していました。

もう、それ以上、見るものはありませんでした。

ささやかな自分の現実に戻ろうと、車を置いた駐車場に向かいました。

しかし、美しい思い出を懐かしんでいたのは、私だけではなかったのかもしれません。

車に戻ると、なかに真っ白な夏服を着た十歳くらいの見知らぬ少女が俯《うつむ》いて座っていたのです。

秋の終わりに、半袖が寒々しく見えます。

少女がゆっくりと顔をあげると、まっすぐな髪の奥から淋しそうな目がじっと私を見つめました。そして、その姿は白い霧に包まれているみたいに、曖昧《あいまい》な輪郭をしています……。

ロックをしたはずの車のなかに座る少女……。

雨も降っていないのに、しとどに濡れた長い黒髪……。

冷たい恐怖が地面から這い上がってきました。

こんなときには何もしないほうがいいことを、私は経験から知っていました。

昔、若くして姉が病気で亡くなったとき、お通夜に私の部屋の前を静かに歩く音を聞いたことがあります。何かを訴えかけるような寂しそうな足音でした。

何度か声をかけそうになりましたが、思いとどまり、じっとしていると、やがて足音は聞こえなくなったのです。

だから、少女の視線を感じても、私は何も気がつかなかったようなふりをして、もう一度ホテルの敷地を一周することにしました。

戻ってきたとき、もし少女がまだいるようなら……、もう一度おなじことをするだけだと自分に言い聞かせました。

車に戻ると少女の姿は消えていました。

もしかすると、ただの錯覚だったのかもしれないとさえ思えてきました。

秋の日は短く、あたりの山々は暮れかかっています。

私はドアロックを解除して車に乗りこみました。

車のなかは外の空気よりもゾクッとするくらい冷えていました……。

そして、そっと助手席を見ると、そこに小さな箱が置かれていました。途中のコンビニで買ったマカダミアナッツのチョコレートの箱です。

たしか、ダッシュボードの上に置いたはず……と思いながら、手に取ってみると、いくつか残っていたはずのチョコレートがなくなって、床に転がっていました……。

生駒山《いこまやま》の闇に浮かぶ「空を歩く女」――安田　勝（四十歳）

これは、私が高校時代に体験した出来事です。

大阪府と奈良県の県境には生駒山という山があり、その山上遊園地に友人と四人で遊びに行ったときのことです。

ケーブルカーに乗って遊園地に着くと、土曜日のせいか人出も多く、賑わっていました。

時間も忘れていろいろな乗り物に乗って楽しみましたが、他の人たちも帰ろうとせず、遊園地は閉園まで賑わっていました。

そろそろ閉園の時間が近づいてきたのか、みんな帰りはじめたので、私たちも歩きはじめましたが、みんなとは進む方向が違うのです。

〈あれ、おかしいな?〉

と思いましたが、それは、私たち以外の人たちがバイクや車で来ていたためでした。その時刻、すでに最終のケーブルカーは出てしまったあとでした。

電気がひとつひとつ消されていく遊園地を眺めながら、私たちはしかたなく、徒歩で生駒山を下りることにしました。

ハイキングコースがあることは知っていましたが、誰も歩いたことはありません。足もとを照らす懐中電灯もなく、ひとりが持っていたキーホルダーについている小さな電灯の弱々しい明かりだけを頼りに少しずつ歩いていきました。

最初はアスファルトだった道は、やがて土に変わり、小さな丸太で作られた階段を下りていくのです。

とりあえず下ってさえいけば、山を下りることができる、私たちはそう思って歩きつづけました。

途中で「ハイキングコース」と滲《にじ》んだ文字の立て札を見ましたが、それ以外に目印になるようなものは何もありません。本当にこの道でいいのか。いきなり崖になっていたりはしないだろうか。

歩きはじめたころの元気もだんだんなくなってきたころ、

「おい！　前に人がいるぞ！」

先頭を歩いていた友人が声をあげました。

見ると、たしかに十メートルほど先に人影が見えます。

それはふたりの白装束の女性でした。

「よかった！　この道を行けば下に降りられるか聞こうぜ」

そういいながら、私たちは全速力でふたりの女性を追いかけました。

ところが……、距離は縮むどころかどんどん離れていくのです。

それだけではありません。

ふたりの女性はどう見ても、私たちより高いところを歩いているのです。並行して高くなっている道などなく、私たちとおなじ道を歩いているはずなのに、明らかに位置が高いのです。

そればかりではありません。

私たちが頼りにしているキーホルダーの明かりでは、自分たちの足もとでさえ、はっきり見えないのに、ふたりの女性の姿は頭の先から足の先までくっきりと見えるのでした。

決定的なのは、ゆっくりした歩調で歩く着物姿の女性に、全速力で走る高校生の男子が追いつくどころか、どんどん離されているということです。

ふたりはまるでエスカレーターに乗ってでもいるように、上へ上へと向かいはじめました。

〈あのふたりは……人間じゃない……〉

そう気づいた私たちは足を止め、一塊《ひとかたまり》になって、朝がくるまでじっとうずくまっていました。

やがて、鳥の声とともに白々と夜が明けていくと、下りの一本道がはっきりと姿を現わしました。やはり、脇道も、登りの道もない、下っていく細い道しかありませんでした。

天に昇っていっているような、あのふたりは何だったのでしょうか。

現在でも、この話題は、私たちのあいだでタブーとなっています。

あの女子寮、出るんだもの……
——松田由美子（四十二歳）

その女子寮は、大学から二キロほど離れたところにありました。

住宅街からは少しだけ距離を置いていて、外観といえば、コンクリートの壁が少し古びているせいか、荒涼とした雰囲気を醸《かも》し出していました。

そして、その土地は昔、「とりあげ」という名で呼ばれていたそうなのですが、どんな漢字を当てるのかはわかりません。何となく、禁忌めいた匂いを感じたのは私だけではないでしょう。

もしかすると、有能な産婆がいて、次々と赤ん坊を取り上げていたのか、それとも、堕胎専門の産婆がいたのか……。あるいは、罪人の首を鋭い刀で取り上げていたのか……。想像は膨《ふく》らみました。

格安の家賃で住むことのできた女子寮はふたり部屋でしたが、新入生にはありがたい存在でした。入居希望者も多く、抽選の結果、私は入居できることになり、希望に満ちて荷物を運びこみ、青春を謳歌できるはずだったのですが……。

季節がゆっくりと流れていくうちに、ひとり、またひとりと女子寮を去る学生が出てきたのです。

「やっぱり、ひとり暮らしがしたい」

「もっと大学のそばのほうが便利」

「彼氏ができたから」

と理由はさまざまでしたが、そのなかに、

「あの寮、出るんだもの……」

と怯えたようにいう子もいました。

まさか、そんなことがあるはずはない、幽霊話なんて噂にすぎないと思っていた私の前にも、それは現われました。

ある朝、洗面所で鏡を見ながら歯磨きをしていると、

「タッタッタッタッ……！」

背後で軽快な足音がしました。

「おや？」

と鏡を覗きこみましたが、何も映っていません。

しかし、

「タッタッタッタッ……！」

足音はまだ続いています。

振り向いた私は声をあげることもできませんでした。

黄色いキュロットスカートをはいた小さな女の子が走りまわっていたのです。

たぶん、小さな女の子……。たぶん……というのは、女の子には上半身がなかったから

……。

黄色いキュロットスカートとその下に伸びた足だけが、「タッタッタッタッ……!」と洗面所から廊下に消えていきました。

私はそのまま女子寮を逃げ出し、近くのアパートに住む友人のところに行くことにしました。

友人は「わかりにくいところだから」と途中まで迎えにきてくれました。おそらく友人も女子寮の噂は聞いていたと思います。陰鬱な雲が垂れこめるなか、ひとりで訪ねる私を慮《おもんぱか》ってくれたのでしょう。

私はキュロットスカートの女の子のことを言い出しにくく、当たり障りのない話をしながら、友人と連れ立って、アパートに向かいました。

「もう少しで着くからね」

といった友人は、急に口を閉ざして立ち止まります。

「どうしたの?」

私が尋ねても、友人は顔を強張《こわば》らせたまま、細い道の角を凝視しています。

そして、突然くるりと向きを変えると、

「ごめん、遠回りになるけど、あっちの道から行こう」

といいます。

わけがわからず、友人のあとを追うように歩きはじめた私に、彼女はそっとこう耳打ちしました。

「あの電柱の陰にね、立っていたの、この世のものではないものが……。黒い服を着て、誰かが通るのを待ってる。近寄らないほうがいい」

そしてこう付け加えました。

「前に、電線に生首が乗っているの、見たことある。この土地、絶対何かある……」

足早に歩く友人についていきながら、私はそっと後ろを振り向きました。

すると、電柱の陰に黄色い布がフワリと隠れたのが見えました。

そして、その奥に灰色の空を背景にしてそびえ立つ、女子寮の建物があったのです。

私はすぐに女子寮を出ましたが、いまでもあそこには学生たちが住んでいるのでしょうか。

何かあるとすれば、きっと女子寮だけではなく、あの土地自体に忌《い》まわしい事実があるのでしょう。卒業して長い年月を経たいまでも気にかかります。

神々の里の無気味な日本人形——武田啓二（三十八歳）

昨年の夏休みに山陰地方を旅しました。

一人旅をして、知らない町の風に吹かれてみたいと思ったのが、旅に出た理由です。

この話は、その旅で数多く行った名所のひとつの、ある神社で起こった出来事です。

神社を一通り拝観しました。

建物、景色、雰囲気、どれをとっても素晴らしく、感動さえ覚えたのですが、そのあと、せっかく来たのだからもっと違う神社の姿も見てみたいと思いました。このままでは少し物足りません。

他の人には味わえない、自分だけの感動を味わってみたいと思ったのです。

神社をぐるりと回っていると、観光客で賑わう光景とは対照的な、薄暗い道を見つけました。どことなく、ゾクッとさせるような空気が漂っていますが、それがかえって好奇心に変わり、僕は、その道を歩いてみることにしました。

進んでいくと、小さな屋根付きの土俵と祭壇がありました。

なんだろうと思いながら、土俵に上がってみました。

そして、そこで上を見上げた瞬間、鳥肌が立ちました。

屋根の内側に、たくさんのおもちゃや人形が置かれていたのです。

ここはきっと、いわくつきのモノを祀るところなんだと気づき、さすがに気味悪さを感じて、引き返すことにしました。そのとたん、僕は、

「ウオオッ！」

と、叫んでいました。

埃にまみれた一体の日本人形がゆっくり身体を傾けると、僕に向かってうっすら微笑みかけたのです。

〈これ、ヤバイことになるかも……！〉

と感じた僕は、一刻も早く人で賑わう場所に戻りたくなり、土俵からジャンプするように飛び降りました。

すると、僕の背後……つまり、土俵の上に何かが「コツッ」と落ちる音がしました。

僕は土俵に背を向けたまま、振り向くこともできず、立ちすくみました。

〈ああ、ヤバイことになった……。どうしよう？〉

パニック状態のまま、

〈振り向いてもいいのか、振り向いて、そこに人形があったらどうすればいいんだ……〉

と、冷たい汗が背中を流れました。

僕は覚悟を決め、一呼吸おいてから、パッと振り返りました。

すると、土俵の上に、リュックにつけてあったキャップが落ちています。

「なんだ、帽子か！　脅かすなよ！」

ビクビクした自分がおかしくもあり、苦笑いしながら、帽子を拾い上げました。

すると、その下には、さっきの日本人形が横たわっていて、僕を見て「ニタッ」と笑いました。

あの声を聞いて、よく無事でいたな――小野寺　正（二十八歳）

その夜、僕はぼんやりと海を見ていました。

堤防には何人かの釣り人の影がありました。

釣りを楽しむでもなく、ただ夜の海を見ていただけの僕がそろそろ帰ろうと腰を上げたとき、突然、

「ギャー！」

という、断末魔のような叫び声が周囲に響き渡りました。

腰を抜かさんばかりに驚きましたが、周囲にいる釣り人たちは顔を上げるでもなく、何事もなかったかのように海を見つづけています。

「いまの声、なんでしょうね」

すぐ近くにいた釣り人に聞いたのですが、「はっ?」と変な顔をされました。何も聞こえなかったというのです。

あの叫び声が聞こえないはずはありません。

僕は一瞬、自分がおかしくなったのではないかと思いました。

しかし、あんなにはっきりと聞こえたのですから、幻聴のはずはありません。それ以上、その場にいたくなくて、僕は急ぎ足で車に向かいました。

「ん……?」

歩きながら、なんだか変だと気がつきました。

足が異様に重いのです。何か自分の背中に背負っているような感覚……。

振り向いてみましたが、何もありませんでした。

家に帰り着いたときには疲れきっていて、その夜は泥のように眠ってしまいました。

しばらくすると「ドンドン！　ドンドン！」と、激しくアパートの戸を叩く音がして、目を覚ましました。

「誰だよ、こんな夜中に！」

腹立たしく思いながら、乱暴に戸を開けたのですが……誰もいません。

ただ、雨も降っていないのに、僕の部屋の前の床だけが濡れていました。

鳥肌が立ちました。

僕は玄関の戸をロックし、窓に鍵をかけると、布団に潜りこんで、ただガタガタ震えながら、朝を待ちました。

それから数日間はビクビクしていましたが、何事も起こらず、やがてあの日の出来事を思い出すこともなくなったころ、僕は仕事で、あのいやな記憶のある海辺の町に行かなくてはならなくなりました。

午後の明るい日差しのなかでしたが、海に近づいてくると、どうしてもあの断末魔の叫び声が思い出され、自分でも身体が硬くなってくるのがわかりました。

仕事先で知りあったおじいさんに、僕はあの日の出来事を話しました。

おじいさんは一呼吸入れると、静かに口を開き、

「あんちゃん、あの声を聞いたのか……」

といいました。

そして、「よく無事でいたな」ともいったのです。

おじいさんは、「いまから三十年も前の話だが……」といいながら、こんなことを語りました。

当時、村で若いふたりの男女が恋仲になりました。男のほうは資産家の息子で、女はどちらかといえば貧しい家柄でした。男の親はふたりの結婚を許そうとはしませんでしたが、そのときすでに女は身ごもっていたといいます。そのことを知った男の父親は激怒し、人を使って、女を強制流産させたのです。

事実を知った男は自分を責め、崖から海に身を投げました。そして、女もあとを追うようにおなじ崖から飛び降りました。数日後、男の死体が上がりました。続いて女の死体も発見されたのですが、それは頭部のない身体だけの死体だったといいます。

以来、その海辺では妙なことが起きるようになったそうです。僕が聞いたような叫び声だけでなく、ときに、若い男女には恐ろしいことが起こりました。

その恐ろしいこととは、すみません……いいたくありません。

悲しい出来事だけに、その村では五年くらい前から慰霊祭を行なうようになりました。

それ以来、不気味なことは起こっていないそうです。

奇しくも、慰霊祭は僕があの体験をした年から行なわれています。

「出る!」と噂される県道の楠——松崎千夏(二十九歳)

私が通っていた大学はY県の山に囲まれた場所にありました。

市街地から南北に県道が走っていますが、その道は街灯もポツポツあるだけで、くねくねと蛇行しながら、続いていました。

私は大学の近くのアパートでひとり暮らしをしていました。

三年生になったとき、自由な時間のあるうちに自動車の免許を取ろうと思いつき、自動車学校に入学しました。自動車学校は大学にも近く、県道を南に下った市街地にあります。

自動車学校までは専用の巡回バスを利用することができ、決まった場所から乗るのですが、帰りは自分が降りたい場所で、「次、降ります」と運転手さんに声をかけると止まってくれました。

その日は、学科の授業が終わって最終の巡回バスに乗りました。いつもなら、もっと北の山のほうから通っている人も乗っているのですが、遅い時間のせいか、私ひとりになってしまいました。

いつものとおりの山の独特の静けさがありました。

バスがアパートの近くを通りかかると、私は「次、降ります」と声をかけ、止まってもらって帰宅しました。

次の日も、最終のバスになってしまいました。

バスに乗ると、運転手さんが話しかけてきました。

「昨日、最後に降りたのは、きみだったよね」

私は意味がよくわからずしばらく黙っていたのですが、もしかしたら、バスのなかに忘れ物でもしたのかと思い、

「はい、何かありましたか？」

というと、運転手さんは、

「そうだよね。最後だったよね……」

といいます。

運転手さんの顔は青ざめていました。

「昨日、きみが降りたあと、しばらくして山の楠《くすのき》の横を通ったとき、若い女の人の『降ります、降ろしてください……』って声がしたから、次の停留所に止まったんだ。だけどね、いつまで待っても降りる気配がないから、振り向いてみたら……誰もいなかったんだ……」

運転手さんは震える声で、そういいました。

昨日はたしかに私がいちばん最後だったのです。

その日から、私は最終のバスは避けるようにし、どうにか運転免許を取得することができました。

そして、しばらくしてから大学の友人と夜のドライブに出かけたのです。

友人がハンドルを握り、私が助手席に乗って県道を北に向かって走りました。

何となく雑草が生い茂った道端を見ていると、ふいに白い塊が目に飛びこんできました。

友人も気づいたらしく、徐行すると、それは小さなおばあさんでした。おばあさんは……白装束を着ていました。

運転手さんがいっていた楠がその後ろに立っています。

本当に怖いときには人間は声が出せなくなるのだと、そのとき初めて気がつきました。

しばらくしてから、友人に、

「ねぇ、いま、見た?」

と聞いてみると、友人も、

「見たよ……いたね……」

といいました。

さらに友人は、

「先輩に聞いたことがあるんだけど、さっきの場所って、ときどきいるんだって。男だったり……女だったり……。声だけのときもあるらしいよ」

といいました。

さらに、

「でも、見ても声を聞いても絶対に止まっちゃだめだって」

と続けました。

それ以来、私はあの場所へは絶対に行かないし、あの場所で何があったのかいまでもわかりません。

死を招く新築の社宅——高木真由子（二十九歳）

私は五歳のとき、新築の社宅に引っ越ししました。

そこは六畳と四畳半と台所があるだけの小さな家でしたが、新しくて、とてもいい香りがしていたような記憶があります。

引っ越しの荷物がようやく片づいたある夜のことです。

六畳の部屋に布団をふたつ並べて敷き、父と母はひとつの布団に、私は押し入れの側に敷かれた布団に寝ていたと思います。

ぐっすり眠っていて、たぶん寝返りを打ったのだと思いますが、上にあげた手に痛みが走り、思わず「痛い！」と叫んで目を覚ましてしまいました。

すると、信じられないことに目の真ん前に天井があって、横を向くと肩が天井にぶつかってしまうほどだったのです。

何が起こったのかわからないまま、布団の端から顔を出すと、真下に父と母の寝ている姿が見えます。泣きそうになりながら、飛び降りるしかないと思って足を出したのですが……。足首に氷のような冷たいものが触れました。

びっくりして自分の足を見ると、白くて細い手ががっちりと私の足首をつかまえています。そして、上から濡れたような長くて黒い髪の毛が見えました。

女の人です。全身、びっしょり濡れた女の人が私を布団ごと持ち上げ、足首をつかんでいたのです。

女の人はスーッと私のほうに顔を向けました。

その不気味で恐ろしい顔はいまでも忘れることができません。

子供だった私はなす術《すべ》もなく、ただ、布団を被り、足をばたつかせながら、「お父さん！　お母さん！」と叫んだのですが、声になりません。

「ごめんなさい、消えて……！」といおうとしても、やはり声にならないのです。

女の人の足を引っぱる力がどんどん強くなり、布団から引きずり落とされそうになったとき、やっと、

「ごめんなさい、消えて！」

と、小さな声が出ました。

すると、布団はゆっくり下に降りていき、同時に女の人の姿も消えていたのです。

そして、私はそのまま眠ってしまいました。

翌朝、母にそのことを話そうと思った矢先、

「真由子、夜中に何したの？　お水、いじったの？　お布団のまわりに濡れた足跡がいっぱいよ」

といわれました。

私は母に何が起こったのか話しましたが、信じてくれたのかどうかはわかりません。

ただ、母は近所の人から「近くの沼で何年か前、遠足に来ていた先生と小学生が溺れて亡くなった」という話を聞いてきました。

それからというもの、車の通りもさほど激しくない家の前の横断歩道で、小さな子供ばかりが交通事故で命を落としているそうです。

その社宅に住んでいた三年間、私は風邪のような症状にしょっちゅう襲われ、学校も休みがちになっていました。

しかし、また父の仕事で転勤することになり、他の家に引っ越してからはすっかり元気になったので、母もふと「あの家には霊がいたのかしら」とつぶやいていました。

私たち家族が引っ越したあと、あの家に住んだ人の五歳の子供は、一週間後に前の横断歩道で車に撥ねられ、亡くなったそうです。

それから何年もしてあの家に若い夫婦が住んだことがありますが、育児ノイローゼになった母親が生後一週間の赤ん坊を畳に投げつけて殺してしまったという事件もあります。

その後、住む人もいなくなったあの家は、昨年取り壊されました。

信じられないような話ですが、事故も事件も新聞で報道された事実です。

ただ、あの髪の毛の長い女の人のことは、誰も知らないでしょう。

成仏が原のトンネルが死者の眠りを破る――竹内銀次郎（四十四歳）

鎌倉の奥にUの字型に囲まれた野原があります。

広さは五百坪くらいあるところで、Uの上の部分に出入り口がありました。

山野草の宝庫で、可憐な花が三月から十一月くらいまで咲きつづけます。

写真家の私は、今日もみずみずしい花の接写を狙って、朝から撮影を続けています。

いつも持参する小道具は水が入った霧吹きで、シャッターを押す前に少しばかり水をやるのです。すると、花はよりいっそういきいきとした表情を見せてくれるのでした。

ときどき図々しい野良猫がやってきて、花を踏みしだくのが悩みの種でした。この場所に猫を捨てる人が多く、その猫に餌付《えづ》けしている猫ばあさんがいるので、その数はいっこうに減りませんでした。

古《いにしえ》の昔、鎌倉では数多くの戦があり、おびただしい戦死者が出ましたが、死者は岩壁に掘った横穴に葬られました。もう八百年も前の葬送様式ですが、その場に立つと、ここは死者の領域だと感じることがあります。

岩壁に掘られている横穴は全部で二十五個ほど残っていて、横八列、縦三列という規則性を持っていました。

苔むした五重の塔や石仏の置かれた穴もありますが、大半は何も入っていません。遺骨はもちろん跡形もなく、ただ黒い洞《ほこら》になっているのですが、ホームレスも住まないここに、猫ばあさんはひとりで穴を利用していました。

そんな場所に、ひとりのカメラ娘が迷いこんできました。

ジーンズの上下に身を固めた典型的なカメラマンファッションで、高級一眼デジタルカメラを肩から提げています。

最近は女性カメラマンが増えました。年輩の人が多いのですが、若い娘も結構います。カメラ娘はしばらく野原を歩きまわったあと、猫ばあさんと猫のいるほうに近づいていきました。猫を撮るに違いありません。カメラを始めたばかりの人間はそうすると、相場が決まっています。

「ふん、また猫かい」

私は鼻白んで、自分の撮影に没頭しました。

そうこうしているうちに、だんだん日が陰ってきました。光が乏しくなったら切りあげるのが鉄則です。そろそろ引き上げようと腰を上げたとき、右斜めの洞穴のなかで青白いストロボが二度三度と発光しました。

その瞬間、

〈死者を写している！〉

不吉な予感が全身を駆け抜けました。

私は急いで機材を片づけると、一目散に逃げ帰ったのです。成仏が原をあとにして空を見上げると、細い三日月が出ていました。

あのときどうしてそう思ったのか、長いあいだわからなかったのですが、それから半年ほど経ったとき、鎌倉にまつわる奇妙な噂が耳に入ってきました。

あの野原……成仏が原の真下を貫通するトンネルに亡霊が出るというのです。

しかも、丑三《うしみ》つ時になると、ジーンズの上下にカメラを提げた娘が現われて、中央部に立ち、手招きをするといいます。

怯《おび》えたドライバーが慌ててハンドルを切ると、青白い光に襲われるという話も、まことしやかに伝わってきました。

トンネルは死者の眠りを妨げる存在になっているのでしょうか。騒音を怨む亡霊なのだという話も聞きました。

カメラ娘の出現という話に、現地に行ってみたいという衝動にかられた私は、ついに我慢しきれなくなって、深夜、車でトンネルに行ってしまったのです。

その日は対向車もなく、自分の車のエンジン音がやけに大きくトンネル内に響いていました。

ちょうど、真ん中あたりにさしかかったときです。

壁から、猫が飛び出してきました。驚いて急ハンドルを切ってよけると、次の瞬間、目の前で真っ白な光が発光し、目がくらんだ私は、ハンドルを切り損なって対向車線にはみ出してしまいました。

いつの間に近づいていたのか、対向車線にトラックの大きな影が迫っています。あと、一瞬、ハンドルを戻すのが遅れたら、私は車ごと押しつぶされていたでしょう。

鼓動が速くなって、肩で大きく息をしている私の耳に「チッ!」という舌打ちのような音が聞こえました。

そして、ヘッドライトの先にほんの一瞬のことですが、ジーンズ姿のカメラ娘の姿が映し出されたのでした。

恐怖感を必死でこらえ、バックミラーを見ましたが、娘の姿はもちろん、すれ違ったばかりのトラックの影さえ消え、そこには漆黒の闇が広がっているばかりでした。

私は叫び声をあげながら、無我夢中で車を走らせ、トンネルから逃げ出すと、海辺に出て、車から転がり出ました。

夜の空にあの日とおなじ細い三日月がかかっていました。

いったい、あの娘は何だったのでしょうか。

あの日、成仏が原で見かけたあと、死んでしまったのか……あるいは、あの日にはすでにこの世のものではなかったのかもしれません。

第四章　身の毛もよだつ怖い話

切れた街灯の闇に、奇妙な囁《ささや》き――武田鉄平(二十六歳)

「夜中に灯が消えると、ベッドに入った子供のためにお話を聞かせる妖精がやってくる」なんて話を聞いたことがあります。

とてもメルヘンチックです。おそらく、西洋のほうの言い伝えか何かなのでしょう。

でも……。実は一度だけ、僕は本当に見たことがあるのです。

ただ、それは「妖精」などというような、そんな可愛らしい生き物ではなかったのですが……。

ある日の帰り道でした。時間は午後八時ごろでしょうか。

コンビニで買った弁当を提げ、家までの通りを歩いていました。八月ももう終わろうとしていましたが、いっこうに秋の気配は訪れず、歩いているだけでも汗が流れ落ちてきました。

緩《ゆる》やかな坂をようやく登りきり、顔を上げました。

少し先に見慣れたメガネ屋の看板が光っています。そのメガネ屋の角を左に曲がって、三十メートルほど行けば、僕の住んでいる古いアパートが見えます。

一日じゅう仕事で立っていたので足の疲れがどっと出てきましたが、もうじき休めると思うと、余計に疲労感を覚えました。

大通りから角を曲がってすぐに「おやっ？」と違和感を持ちました。

何か、暗いのです。

細い路地はまっすぐ五十メートルほど延びているのですが、その先は、まるで道路がなくなってしまったかのように、暗闇で断ち切られていました。

でも、その理由はすぐにわかりました。街灯がひとつ、切れていたのです。

ちょっと意外でした。たったひとつの街灯が切れるだけで、いつも通る道の印象がこうも違うのかと。

僕のアパートは切れた街灯の手前にありましたが、さほど気にすることもなく、そのまま、部屋に入っていきました。

次の日は休みでした。

ですから、僕があの乳母車を見たのは、その二日後のことだったと思います。

いつものようにコンビニ弁当を提げ、疲れた足で坂を登ってメガネ屋の角を曲がったとき、また奇妙な違和感に包まれました。

蒸し暑さも疲労感も二日前とおなじですが、ひとつだけ違うことがあります。

この前よりも、さらに暗くなっていたのでした。切れていた街灯のひとつ手前の街灯も光を失っていました。

〈今度はこっちの街灯まで切れたのか〉

そう思ったときでした。

ぬうっ……と、暗闇から何かが出てきたのです。

小さな影でした。

目を凝らすと、それは乳母車で、少しずつこちらに近づいてきました。乳母車は、まるでひとりでに進んでくるように見えたのですが、やがてその後ろに、くの字に背中の曲がったお年寄りの姿が現われました。

〈こんな時間に……？〉

と、思ったことを覚えています。

その日は棚卸しがあったので、僕がアパートに辿り着くころには、すでに十時をまわっていたのですから。

「ガロガロロロロ……ガロガロロロロロ……」

暗い路地に、車輪の音が響きます。

歩きながら、すれ違うとき、僕はチラッとお年寄りを盗み見ました。

下を向いているので、顔は見えません。その姿はおじいさんのようでもあり、おばあさんのようでもありました。

まわりがスッと暗くなります。見上げると、光のない街灯が死んだように僕を見下ろしていました。

そして、アパートの入口まできたとき、ふと思ったのです。

〈そういえば……乳母車のなか、空っぽだったよな……〉

後ろを振り返りましたが、路地の向こうは真っ暗で、何も見えませんでした。

それから一カ月ほど過ぎました。

いつのまにか夏は去り、心地よい涼しさを感じるようになったころには、あの奇妙な乳母車のこともすっかり忘れてしまっていました。

切れていた街灯もすぐに取り換えられましたし、あの日に感じた不思議な感覚はもうどこかに去っていました。

しかし、その日……。

雨上がりの夜の道を歩いて、アパートに続く角を曲がり、明るい街灯の下をしばらく行くと、

「ガロロロロロロ……ガロロ……」

どこからか音が聞こえてきます。僕は、びくりと立ち止まりました。振り返ってみましたが誰もいません。一カ月前に見た、あの乳母車が鮮明に甦ってきました。

〈なんだか、気味が悪いな〉

とっさに僕は街灯を見上げました。なぜそうしたのかはわかりませんが、とにかく気になったのです。もちろんどの街灯も、みんなきれいに点《つ》いていました。

アパートに近づいてきました。アパートの入口は通りには面しておらず、右に曲がって自転車置き場を過ぎた先にあります。

そこにもうひとつ、小さな街灯があったのです。

足早にアパートの入口に向かいました。そして、その街灯の下を通りすぎようとしたとき、突然、

「パパッ……パッ……ヴゥン、パッ……」

光と暗闇が点滅しました。

まるで吸い取られていくように、街灯の光が萎《しぼ》んでいきます。

暗闇です……何も見えません。

すると、そばの低いところから、声がしました。

「ほおら、おはなししようかぁ……。ねえ、おはなししてあげようかぁ……?」

身体が凍りつきました。僕は自分の部屋に駆けこむと、靴も脱がないで上がり、すぐに電気をつけたのです……。

それからというもの、切れている街灯の下を通ることができません。

あのとき、暗闇のなかで聞いた声はいいました。

「おはなししようか」

それは、いったいどんなお話だったのでしょう?

死の淵で見た「あの世への入口」——大西武志(七十四歳)

いつものように杖をついているわけでもないのに、私は音も立てないで廊下を歩いていました。長い長い廊下を……。いったいこの廊下はどこまで続いているのだろう。

廊下の両側には部屋がいくつもあって、ドアは閉まっているけれど、名札がかかっているところを見ると、どうやら病院のようです。

けれども、この人けのなさはどうしたことだろう。医師や看護師などひとりも歩いていないのでした。患者の声すら聞こえません。

どのくらい歩いたでしょうか。

急に目の前に門が現われました。

門には「西方・夢の国」と書かれています。

入場料はいらないらしく、いつのまにか現われたたくさんの人々が私を通り越して、次々と門のなかに吸いこまれていきました。老人が圧倒的に多く誰もが無言で、正面を向いたままだから顔もわかりません。

いつも通っている病院のそばにこんな遊園地があったのかといぶかしく思いましたが、どうにも釈然としません。

そのとき、気がつきました。私はパジャマ姿だったのです。

慌ててまわりを見ると、やはりパジャマや寝巻きを着た人が大勢います。しかも、垣間見えた顔には白いガーゼが被っていました。顔がわからないはずです。

不思議な光景でした。入場者はほとんど老人でしたが、なかには若い人や子供も交じっていました。ずっと黙りこんだまま、黙々と歩いていきます。

そのとき、遊園地のなかに観覧車を見つけました。

そうだ、あれに乗ればここがどこだかわかるにちがいないと思いつき、乗車口に行ってみました。財布を持っていないことを告げようとしましたが、声が出ません。しかし、係の人はわかってくれたのか、観覧車のひとつを指さしたので、私はひとりで乗りこみました。

観覧車はゆっくりゆっくり上昇していきます。外に広がっているのは見たこともない風景でした。遊園地のすぐそばに小川が流れていて、ここは晴天なのに、小川の向こうの野原には雨が降っています。

そのとき、突然、空を引き裂くような稲光とともに、雷の落ちる音がとどろきました。

そのとたん、私は観覧車から放り出されていました。

「気がついたらしい」

頭上で声がし、目を開けてみると、妻と娘、そして義弟が心配そうな顔で私を覗きこんでいました。

そこは、いつも来ている病院の一室でした。

家のベッドの上で「尿が出ない」と買い物から帰ってきた妻に話したことは覚えていますが、そこから記憶が途切れています。

妻の話では、そこで意識不明になり、救急車で病院に担ぎこまれたということですが、では、いままでいたのはどこだったのでしょう。

「いま、大きな雷が落ちただろう？」

尋ねてみましたが、みんな首を横に振りました。

「雷なんて鳴るはずないでしょ。外は快晴よ」

妻は相変わらず心配顔で答えます。

「隣に遊園地があったか？」

と聞いてみると、

「三方はマンションで、前は道路でしょ。あなたも知っているじゃない、しっかりして」

と、叱られてしまいました。

腕が動かしにくいと思ったら、点滴の管が刺さっています。ひどく不快に感じて抜こうとしましたが、抜けません。

「抜いちゃダメです。血が出てきましたよ」

看護師の言葉を聞きながら、フーッと眠気が襲ってきたかと思ったら、私は再びさっきの遊園地に来ていました。

今度は目の前でメリーゴーランドが静かにまわっています。

今日の自分は変でした。なんであんなものに乗りたくなるんだと不思議でしたが、どうしても乗りたくなって、馬にまたがってしまいました。

メリーゴーランドがまわりはじめると、腹がグウグウ鳴って目がまわり、ついに床に落ちてしまいました。後ろからまわってきた馬が、容赦なく私を蹴飛ばしました。

「痛い!」

そう叫んだとたん、病院のベッドに戻っていました。

「よかった! AEDのおかげよ」

という娘の声が聞こえました。

「よく頑張りましたね。これからMRIと心電図をとりますから、もう一頑張りしてください」

看護師の声を子守歌のように聞きながら、私は再び遊園地にやってきていました。

観覧車から見えた小川はどこにあるのだろうと探してまわり、やっとそれらしい小川を見つけました。小川なのに、渡し舟があって、そこに二、三人の人が乗っています。船頭が、もう出るぞ、といわんばかりに腕をぐるぐるまわして、私を呼びました。

乗り遅れてはたいへんだという気がして、急いで走りだしたとたん、足もとの小さな石につまずいて転び、目が覚めました。

それ以来、遊園地の夢を見ることはなく、退院することができましたが、次々と場面が続く夢を見たのは、あれが最初で最後でした。

あの遊園地は、あの世への入口だったのでしょうか。

あのとき、小石につまずかなくて、舟に乗っていたら、私はどこに行っていたのだろうと考えると背筋が寒くなります。

しかし、そう思う反面、意識がなくなってあんなに楽に逝《い》けるなら悪くはないなとも思いますが、娘に叱られそうなので口には出しません。

無人のコンピュータ室から響く音——宝田昌子（五十六歳）

あれから三十年の月日が流れました。

当時、私は十店舗ほどのストアを所有する会社の本店事務所で経理を担当していました。

そこは一階が店舗で、二階が事務所になっている、かなり古い建物でした。

電話の応対や雑務に追われて、五時過ぎからやっと自分の仕事に集中できるという忙しさでしたので、残業は当たり前のようになっていました。

与えられた仕事を勤務時間内に終わらせることができないのは、自分自身の能力不足だと考えていましたから、残業手当の申請はしませんでした。けれども、その分、遠慮なく落ち着いて仕事に専念できたことも事実です。

そのころ、廊下を隔てたコンピュータ室で働いていた五十歳くらいのNさんが急に退社することになりました。理由を尋ねると「乳癌」だといいます。

「あなたたちはまだ若いんだから、きちんと検査を受けて、気をつけるのよ」

同僚と誘い合わせて病室を見舞うたびに、Nさんはそういいました。

どちらかというと、あまり職場でうちとけることもなく、どこか冷たい感じがする人だと思いこんでいたので、Nさんのその言葉は胸に染みました。

やがて、治療を終えて退院したNさんは職場復帰を果たしました。愛社精神は人並みはずれていましたし、噂では思いを寄せる男性が社内にいるということでした。

しかし、一年も経たないうちに、癌は再発してしまったのです。

今回は治療の効果もあがらず、あまり思わしくないと聞いたので、また同僚たちとお見舞いに行ったのですが。そのときには、すでに昏睡状態に陥っていました。

結局、意識が戻ることもなく、Nさんは亡くなり、自宅で葬儀が行なわれました。年老いたお母さんが遺体のそばに座って、思い出したように泣き崩れる姿が痛ましく、ある意味、彼女の死以上に悲しくなりました。

Nさんを見送った悲しい葬儀を終えると、翌日からはまた忙しく働きはじめました。

いつものように残業をしていたある夜のことです。

八時ごろに、コンピュータ室からキーボードを叩くリズミカルな音が聞こえてきました。

「そろそろ帰るけど、あなたどうする？」

いっしょに残業していた上司に声をかけられましたが、私は「もう少し、頑張ります」と返事をしました。

「そう、コンピュータ室にも、まだ誰かいるみたいだしね……」

上司はそう言い残して、帰っていきました。

〈コンピュータ室……〉

何となく、いやな感じがしてきました。

そういえば、キーボードを叩く音はいつのまにか、聞こえなくなっています。

電気を消されて薄暗くなった廊下に出ると、向かいのコンピュータ室をそっと覗いてみました。

……真っ暗で、誰もいません。

いいようのない恐怖が全身を包み、大急ぎで帰り支度をしました。

翌朝、出勤した私はコンピュータ室に向かい、「昨日、誰か残業していた？」と聞いてみましたが、全員定時に帰り、残った人はひとりもいなかったということでした。

その日を境に、私は夜の残業を取りやめ、早朝出勤して、急ぎの仕事はなんとか間に合わせるようにしました。それでも予定どおりの仕事ができないときは、しかたなく勤務時間後の残業をすることがあったのですが、ときおり真っ暗なコンピュータ室からキーボードを叩く音が聞こえてきたのです。

誰よりも会社と仕事を大切にしていたNさんが、コンピュータ室で仕事をしていたのでしょうか。

最後の仕事を仕上げるために……。

猫の怨念に祟られた格安アパート――渡辺笑子(二十八歳)

数年前の話です。

就職活動の結果が実り、ようやく正社員として採用されたときのことでした。

一人暮らしを始めようと、何軒もの不動産屋を回っていくつかの物件を下見《したみ》した私は、家賃四万八千円で二K、駅から徒歩五分という掘り出し物の物件を見つけました。

築三十年という古いもので、畳が敷かれた和室は暗くて少しカビ臭かったものの、雨戸を開けると案外明るいし、風通しもよさそうだったので、契約書に判を押しました。

新しい部屋に落ち着いた、やけに冷たい雨が降る、ある秋の夜のこと……。

夕飯の支度をしていた私は、どこからか猫の鳴き声が聞こえてくることに気づきました。

初めはかすかに聞こえていたのですが、それはだんだん大きく、しかも激しいものに変わっていきました。

子猫らしい高い声であまりにも鳴きつづけるので、私は外に出て、雨のなかでしばらく鳴き声の主を探しました。

しかし、見つけることはできず、そのまま夜は更《ふ》けていきました。

そのとき、若い女性が歌っているような奇妙な音程の歌も聞こえてきましたが、近所の誰かだろうと思ったくらいでした。

翌朝、玄関に出た私は「ギャッ！」と叫び声をあげました。

目の前に子猫の死骸があったのです。痛々しい横顔から白い涎《よだれ》のようなものが垂れ下がっていました。私はアパートの敷地内に子猫を埋めることにしました。

穴を掘っていると、隣の家のおばあちゃんがやってきて、「お線香はいいの？」といいます。動物なのだからそんなものはいらないだろうと丁重にお断りして、子猫の上に土をかぶせました。

おばあちゃんは私の作業を見守ったあと、帰っていきましたが、そのとき呟いた「またか……」という言葉が多少気になりました。

その二日後、上の階から男性の奇声が聞こえてきました。

上には、年金暮らしをしているらしい男の人が住んでいるのですが、昼間からお酒を飲んでいるような乱暴な言葉、「ドスン!」という鈍い音と猫の鳴き声が重なって聞こえてきます。

あまりの騒がしさに文句をいいに行こうと思ったのですが、トラブルになっても困るので、どうすればいいのか隣のおばあちゃんに相談してみました。

おばあちゃんの話によると、上の階の人は五年くらい前から住んでいるそうですが、「いつものことだから、あの人は仕方がないのよ」といわれ、私も談判に行くことは諦めました。

しかし、その夏じゅう、上の部屋からは怒鳴り声や大きな物音が聞こえつづけました。いたたまれない私は管理会社に相談したり、ついには警察に相談に行ったりもしたのですが、事件になっているわけではないので、どこもとりあってくれません。

仕方なく、極力家にいないように工夫しました。

会社で仕事をしているときやショッピングや散歩に出たときには、ホッとできるのですが、家に帰るといつも騒音に悩まされ、だんだん体調がおかしくなってきました。精神的に追いつめられていったのです。

夏が終わりかけたある日、私は奇妙な夢を見ました。

……暗い部屋に閉じこめられた私は何かに怯えています。

目の前には切り刻まれた人間の死体が転がっていて……。

ナイフで腹を切られた者、腕や足がおかしな方向に曲がっている者、皮を剝がされたおぞましい化け物のような者が何体も……。

そして、思いました。

もしかして、次は私?

悲鳴のような声をあげて起き上がると、時計は二時二十二分を指していました。

全身が汗でぐっしょり濡れていました。

あれは、いったい……。

でも、考えるのはよしました。きっと、前に見た映画のワンシーンでも思い出したのだろう……。止まらない震えをどうにかごまかして、私は強引に目をつぶりました。

しかし、頭のなかではさまざまな妄想が加速していき、かえって感覚が冴えわたっていきます。耳の奥のほうからキーンという音がし、喉元が苦しくなっていきました。

じわじわと身体が動かなくなっていく感触……金縛り……。

私は大声をあげて飛び起きました。

すると、目の前に白い男が笑いながら近づいてきました。まるでホログラムのようなあやふやな感じなのに、明確な狂気と殺意を感じます。全身が恐怖で縛りつけられました。

しかし、それは一瞬で消えていきました。

悪い夢を見て、現実との区別がつかなくなったのだと自分に言い聞かせ、身体を横たえようとしたとき、カーテンの向こうを黒い影が通りすぎていきました。

猫の影でした……。

それから数日後、上の階が静かになっていることに気づきました。

あの不快な声が聞こえないことは喜ばしいことですが、あまりに静かすぎるのも、かえって不気味です。

そして、そのころから部屋にハエが飛んでいることが多くなりました。以前からときどき、どこからともなく入ってきていたのですが、とくに目立つようになったのです。また、排水溝のような臭いが立ちこめるようになりました。しかも、日に日に臭いはきつくなっていきます。

私は再び管理会社に連絡をとり、調べてもらうことにしました。

原因はすぐにわかりました。

私の部屋を点検したあと、上の階に行った管理会社の人たちの押し殺したような話し声、携帯電話で連絡をとり、「片づけますから」といっている声が聞こえてきました。

どうやら、上の階の人はいなくなっているようでした。あの罵声や怒鳴り声から解放されるのだと思うと、正直ホッとしました。

しかし、ただいなくなったのではなかったのです。上の階の人は近くの川のそばで、空の焼酎瓶を持ったまま、死んでいたのでした。ボロボロの服を身にまとい、手足はあらぬ方向を向き、顔は判別がつかないほどぐちゃぐちゃだったといいます。

そう……私が見た、あの夢のなかの死体のように……。

そして、上の階の部屋からは多数の猫の遺骸が見つかりました。

あの部屋で男は猫を殺していたのです。奇声と思っていたのは猫の断末魔の声だったのかもしれません。そうした顛末《てんまつ》を聞いても、私の感情は大きくは揺らぎませんでした。毎日、繰り返された騒音に、精神がまいってしまっていたのです。

住む場所を間違えると、とんでもないことになるのでしょうか。

私は職を失い、健康を損ね、恋人とも別れ、すべてを失いました。

その部屋を出る少し前には、隣の夫婦が夜中に大げんかをするようになり、異臭とハエは相変わらずだし、野良猫の数が異常に増えました。

玄関のチャイムが鳴っても、誰もいないということが何度もありました。近所からは調子の外れた歌が聞こえつづけ、異常な空気が充満していることは、全身で感じられました。

私が引っ越しの挨拶に行くと、隣のおばあちゃんは「私はどこにも行くところがないの。だから仕方ないのよ」と残念そうにいいました。

あのアパートは祟《たた》られていました。やはり、猫の怨念なのでしょうか？

祖母の長寿は「病室の小鬼」のおかげ――葉山佐和子（三十九歳）

無機質な病室の朝。

八十歳になる祖母が肺炎で入院したのは一週間前のことでした。

高熱と咳で祖母は体力をなくし、自力で起き上がることも困難になっていました。

介護のため私も病室で寝泊まりしていましたが、回復の兆《きざ》しはなかなか現われず、私自身も憔悴《しょうすい》していました。

病室は六人部屋で、向かい側のベッドにも付き添いの家族が泊まっていました。

午後九時には消灯され、室内は静まりかえります。

オイルヒーターの音だけが低く響くなか、私はこのまま、祖母を失ってしまうのではないかという不安にかられ、涙をこらえることができないでいました。

やがて眠りに落ちましたが、祖母のようすを確かめるために、数時間ごとに目を覚ましました。

しかし、この夜は、不思議な感覚で目が覚めたのです。

祖母のベッドの脇で横になっていた私の身体は硬直して動きません。無理に動かそうとすると、激しいしびれが全身を走りました。

目にはぼんやりと天井やベッドとベッドを仕切っているカーテンが映ります。

これを「金縛り」というのでしょうか。息をするのがやっとという感じの混濁する意識のなか、視界の隅に祖母の姿が入ってきました。

祖母の胸のあたりに小さな人間の形をしたものが蠢《うごめ》いています。暗いのではっきりとは見えないのですが、細く長い腕を持ったそれは祖母の喉をしきりにひっかいていました。

〈鬼……？〉

得体の知れないものを見ながら、ふとそう思いました。

私は助けを呼ぼうとしましたが、ありったけの力をこめても「あ」とか「う」としか発音できません。

あたりは静まりかえったままで、誰にも私の助けを求める声は伝わっていないのでした。

〈鬼が……鬼が、おばあちゃんを連れていってしまう……〉

起きて、鬼を追い払わないと！　そう思うのに、身体はいうことをきいてくれません。

鬼は両手の爪で祖母の喉をひたすらかきむしっています。

そして、私の存在に気づいたのでしょうか。

ゆっくり振り向いて、顔いっぱいの大きな目と口を細め、「ニタリ」と笑ったのです。

……いつのまにか、病室は朝の日差しで溢れていました。

目を覚ました私はびっしょり汗をかいていました。

〈あれは、夢に違いない……！〉

そう言い聞かせながら起き上がると、祖母がベッドの手すりに手をかけ、身体を起こそうとしています。

腕や足さえ動かせなかった病人が奮闘している姿を見て、私は仰天しました。

「急に動いちゃダメよ」

私がなだめても、祖母は、

「今日は調子がいいんだよ」

と、いうことを聞きません。

たしかに血色がよくなり、咳も収まっていました。

とりあえず熱を計ってみようと、枕もとにある体温計を取り、祖母の腋の下に挟もうとしたとき、思わず手が止まりました。

祖母の喉から胸にかけて、赤い筋のようなものが何本もついていたのです。

この日を境に祖母はぐんぐん回復に向かい、無事退院することができました。

私は、いまでも思います。

あの夜、私が見たのは夢ではなかったのだと。鬼は祖母の命を奪いにきたのではなく、喉や肺にたまった病をかき出したのではないでしょうか。

この話は祖母にはしませんでした。

その後、祖母は風邪をこじらせて、二度も肺炎を患いましたが、そのつど克服しました。

そして、長寿を全《まっと》うしたのは、鬼に救われてから十五年経った冬でした。

あいつ、人間じゃない……

——加賀ひさえ(二十三歳)

これはいまから五年前に起きた出来事です。

当時、私の父は四十五歳で仕事の合間にバンド活動をする趣味を持っていました。

バンド仲間にOさんという霊感の強い人がいて、父とふたりでよく路上ライブをしておりました。場所はU駅の東口連絡通路で、そこは路上ライブをする若者が集まる、地元でも有名な場所でした。

四十代半ばで「路上」デビューした父が遭遇した奇妙な出来事とは、こんなことでした。

ストロークが反響し木霊《こだま》するなか、大気を震動させて消えていく音の余韻に浸りながら、幸雄は両目を開けました。薄暗い連絡通路の天井に大きな蛾が張りついています。

「ジジ……ジジ……」

蛍光灯が明滅しました。

「幸雄さん、いまのところ、よかったですよ」

横を見ると、Oさんが額の汗を拭いながら、嬉しそうに笑っています。

「このままいけば、プロデビューも夢じゃありません」

Oさんの言葉に幸雄はポカンと口を開けました。まさか、四十代のオヤジがプロを目指すなどありえないと思いました。

しかし、Oさんは「夢なんかじゃないですよ」と自信に満ちた声でつけくわえ、さらに「曲は一カ月に二曲のペースで作りますから、ついてきてください。僕の曲は幸雄さんのギターがないとダメなんですから」とまでいいます。

幸雄は照れたように顔を伏せましたが、実際、Oさんは精力的に自分の曲を売りこむ営業をし、ここ三カ月で二度も幸雄といっしょに地元のラジオに出演していました。

しかし、その夜の路上ライブでは人の集まりも悪く、巨大な通路の中央に座りこんでいるのはふたりだけでした。

「これじゃ度胸はつかないけど、人が見ていないところでもやっているという根性はつきますね」

Oさんはそういったあと、急に額を押さえてうめき声をあげました。肩が小刻みに震えています。

「どうした？　Oさん、大丈夫か？」

幸雄が顔を覗きこむと、Oさんは「ちょっと頭痛が……」といいながら、頭を抱えこみました。

「風邪でもひいているんじゃないのか？　今日はもう帰ったほうがいい」

幸雄はそういいましたが、Oさんは「大丈夫。たいしたことないから次の曲いきましょう」と、ギターに手をかけました。

こういうとき、何をいっても聞かないことを、幸雄は充分心得ていました。諦めて楽譜を用意し、16ビートのアップテンポの曲を演奏しはじめたとき、Oさんの向こう側、連絡通路の西の入口に黒い人影が見えました。距離があるので、男か女かはわかりませんが、ただ全身真っ黒な影のような服装をしているのはわかりました。

幸雄は視線を戻すと、曲に集中しようとしました。

しかし、そのとき、Oさんのボーカルの声が乱れはじめ、間延びしはじめたかと思うと、急に声が途切れました。

「すみません」

Oさんはいいながら、俯いて額から汗を流しています。

「大丈夫か？　もしかして寒いんじゃないか？」

幸雄がOさんの腕をつかんだときでした。

「キイ……キイ……キイ……」

不快な金属音が遠くから聞こえてきました。

「キイ……キイ……」

それは腐食した金属がこすれあうような音でした。

音は少しずつ大きくなっていきます。思わず耳を塞《ふさ》ぎたくなるような不快な響きはどんどん近づいてきました。

「キイ……キイ……キイ……」

音の正体は古びた自転車でした。あちこちにがたがきているらしい真っ黒な自転車を押しているのは、黒いフードを頭からすっぽりかぶった小柄な男です。夏だというのに全身黒の長袖、長ズボン姿で、パーカーに隠れたその顔は見えません。

男が進むたびに「キイ……キイ……キイ……」と自転車はうなり声をあげました。

乗れそうもない自転車、年代物の自転車を押している男……ただそれだけのことでしたが、幸雄のなかで〈何かが変だ！〉という気持ちが膨らんできました。

幸雄は近づいてくる男をじっと見つめました。

男が十メートルくらいの位置まで来たとき、「ジャッ！」と派手にギターをかき鳴らす音が木霊し、Oさんが演奏を始めました。

見ると、俯いたまま、必死で出だしのリフを弾いています。幸雄もはじかれたように自分のギターをかき鳴らしました。激しいストロークが、さっきまであたりを支配していた不気味な自転車の音をかき消します。

しかし、幸雄はいつものように曲に集中できません。Oさんはまるで憑かれたように声を張り上げています。

そのとき、あの男がふたりの前を通り過ぎました。

自転車は近くで見ると、予想以上に古びていて、薄汚れているだけでなく、あちこちに無残な赤錆《あかさび》が浮き上がっていました。

理由もなく、幸雄の背中に冷たい汗が流れます。

東口の階段にさしかかると、自転車をガタガタいわせて、男の姿は見えなくなりました。

「Oさん、今日はもうやめたほうがいいんじゃないですか」

幸雄はそう声をかけましたが、Oさんは、

「大丈夫だよ。ときどきあるんだ、めまいっていうか」

といって、すぐに次の曲を弾きはじめました。

時計の針は十時半をまわり、今日もなんとか無事に終われそうだと思ったときでした。

耳の奥で甲高い悲鳴のような音が木霊《こだま》しました。

あの錆びた自転車の音です。

西口の闇のなかから、あの男が自転車を引いて再び現われました。

幸雄は自分の体温が下がっていくような奇妙な感覚を覚え、Oさんに目を向けると、彼は硬く目を閉じ、何かに耐えるように歌いつづけていました。

男はこちらに向かってきます。

幸雄は男の姿を見ないように前方の壁を睨んだまま、ギターを弾きつづけました。

「キイ……キイ……キイ……」

自転車の音がすぐそばで聞こえたとき、たまらず男に目を向けると、男はその場でピタリと止まりました。幸雄の目がフードのなかを覗きこむと、男の黒い唇が開き、同時に強い風が吹きました。

〈死神〉

唐突にそんな言葉が脳裏を駆け巡ります。

垣間見えた男の顔は昆虫のようで、目尻がギュッと吊り上がり、どこを見ているのかわからないような目をしていました。

そのとき通路の東口から風が吹き、幸雄たちの楽譜を巻きこんで西口へと抜けていきました。

「キーン……」

と、不気味な金属音が通路に充満し、幸雄がたまらず両耳を塞いだとき、フードの男は自転車とともに東側の出口に飲みこまれるように見えなくなっていきました。

「あいつ、人間じゃない……」

Oさんがポツリと呟きました。

思えば、東口から出ていって再び西口に現れるには、外の迂回路を通るため、相当な時間がかかります。それなのに、男は幸雄たちが二曲めを演奏しはじめた直後に現われたのです。

いったい何者が、何の目的であの通路に現われたのか、いまだにわかりません。

猫を肩にイチジクの下に立つ女――山野誠治（五十二歳）

その日の朝も、昼間の暑さを予感させるような朝霧が、広くもない川面を流れていました。静かな川の流れはいつもとおなじでしたが、ひとつだけ違っていることがありました。流れに辿り着くまでの葦原が奇妙な形でなぎ倒されていたのです。でも、あまりのその小さな変化に、早起きの老人でさえ気にとめることはありませんでした。

老婆の死体が上がったのは、昼近くのことです。

川岸近くに建つ我が家の庭のイチジクの根は川に張り出しています。その根に老婆の死体はひっかかったのです。

発見したのは釣りにきていた子供たちで、その後は、警察ややじ馬たちに我が家の庭は傍若無人に踏み荒らされました。

私も、シートにくるまれた老婆の死体を、二階の窓からほんの少し見ました。濡れた着物と白い足が目に焼きついていますが、顔は髪の毛に隠れて見えませんでした。

身元はすぐに判明しました。川上に一キロほど行ったところに住む老婆で、寝たきりの生活を強《し》いられていたといいます。夜、家族が寝静まったあと、動かない下半身を引きずって、腕の力だけで川まで這っていったのでしょう。折れた葦の痕跡が、入水の場所を示していました。

その事実を知った町内の誰もが、同情の声を寄せました。

「不自由な身体で、よくまああそこまで。さぞ辛い思いをしたのだろう」

そんな声が家族への非難に変わるのに、そんなに時間はかかりませんでした。

「どんな看病をしていたのか。いやな思いをさせていたにちがいない」

とくに、嫁に対する非難の目は厳しく、彼女は葬儀に出席することもできないほどでした。

翌日、おなじイチジクの木の根に猫の死体がひっかかっていました。老婆のかわいがっていた猫でした。

「おばあさんのあとを追ったのだ」

町内にはそんなことをいう人もいました。

私はまったくの偶然だと思っていましたし、老婆の死も「自殺」と断定され、事件性はなかったので、やがて日常の穏やかな生活が戻ってきました。

しかし、そのころになって、妙な噂が流れてきたのです。

夜中になると、イチジクの木のあたりから、猫の鳴き声が聞こえてくるというのです。

現場にいちばん近い私の家の者は誰も聞いたことがないというのに、近所はまた騒がしくなってきました。

「おばあさんと猫の怨みがまだ残っているんだろう」

という話を耳にするたび、私は、

「そんな鳴き声は聞いたことがない。デマを流さないでほしい」

と、否定していました。

しかし、この噂でいちばん傷ついたのは、おばあさんの世話をしていた嫁で、弁解の機会を与えられることもなく、とうとう一時的に実家に帰らざるをえなくなってしまいました。

人の口とは本当に怖いものです。

その後も猫の鳴き声に関する噂は収まらず、「聞いたわよ。本当に怖い声だった」という話がまことしやかに語られつづけました。

ついに、「町内会で御祓《はら》いをしてもらおう」という話が決まり、私たちの考えなど考慮に入れられることもなく、またしても大勢の人が我が家の庭にやってきました。

これで落ち着くだろうと誰もが思ったのですが、祈禱《きとう》の効果がなかったのか、噂はやはり消えませんでした。

そして、ある夏の盛りの深夜……。

珍しく帰りが遅くなった私は、夕涼みのつもりでブラブラと我が家への坂道をあがっていきました。家に近づくと、月明かりにくっきりとイチジクの木が浮かび上がっています。もうすぐ実をつけるころだと眺めていましたが、

「ん？」

思わず、足を止めました。

何かが見えます。

白い影です。

うっすらとしていますが、たしかに人の形をしていました。

イチジクの木の下で、川面を眺めているらしい和服姿の女性でした。

私は、坂道の途中に立ち止まったまま、動けなくなってしまいました。

「ミャーオ……」

不気味な猫の鳴き声が闇のなかに響き渡り、白い後ろ姿の女性の肩のあたりで青白く光る目が、私をじっと見ていました。

背中に寒気が走り、私は転がるように家に逃げ帰りました。

おばあさんの家の嫁が離縁され、実家に帰ったと聞かされたのは、秋風の吹くころになってからです。

それからというもの、猫の声を聞いたという噂はぱったり聞かれなくなりました。

「嫁を追い出して、おばあさんもやっと成仏したんだよ」

という人もいましたが、私はそんな現実の話よりも、あの和服姿の女性のぼんやりした後ろ姿を忘れることができません。

あれは、心ない噂話に、心を痛めていたあの家の嫁の生霊ではなかったのでしょうか。

葬儀の夢のとおりに人が死んでいく――林 健一（五十七歳）

私の予言はよく当たります。

どういうことかというと、夢に出てきたことが二日から三日のあいだに現実となるのです。けれども、宝くじが当たるとか、誰かが結婚するとか、合格するとかいう夢ではなく、不幸なことに、それはすべて人が死ぬという夢に限られていました。

つまり、葬儀の夢しか見られないのです。

はじまりは小学校六年生の夏休みでした。

祖父が死んでお葬式をしている夢を見た翌日、私は祖母に「おじいちゃんが死んで、お葬式をするよ」といってしまい、ひどく叱られたことを覚えています。

しかし、三日後、祖父は七十六歳で他界しました。

しかも、その葬儀の模様は、私が夢で見たものとまったくおなじだったのです。

それから数年後、兄のお葬式の夢を見ました。

「あんちゃんが死ぬ……」

家族の前でそういってしまって、また顰蹙《ひんしゅく》を買いましたが、祖父のときのことがあるので、いわずにはいられなかったのです。

そのとき、兄は大腸ガンの末期で、もう手のほどこしようがない状態でした。医者からは、もう少し余命があるといわれていたにもかかわらず、私が夢を見た一週間後、兄はあっけなくこの世を去りました。

そして、葬儀は私が考えたかのように、夢のとおりに執り行なわれたのでした。

次に父の夢を見たときには、私は眠ることさえいやになっていました。まるで、私が「死」を導いているのではないかという気にさえなってきます。

四日後、父は山林で作業中、脳内出血を起こして帰らぬ人となりました。

もはや、偶然とは思われません。

身近な人だけではなく、アメリカの大統領や日本の政治家、スポーツ選手、芸能人なども、次々に私の夢のとおり死んでいったのです。

精神的に苦しくなってきた私は、夢を見ないようにするためには熟睡するしかないと、昼間はスポーツや仕事に没頭し、泥のように眠りました。

そうしているうちに悪夢から解放されていったのですが、五十代になってからまた夢を見るようになりました。

近所の人が夢のとおりに亡くなりました。

いまは自分自身を怖いとさえ思うようになりました。この年齢になって、誰かに相談するのも憚《はばか》られます。きっと誰もが気味悪がることでしょう。

妻や子供たち、仲のよい友人たちの夢を見てしまったらどうしようと思うと、心穏やかではありません。この奇妙な心霊能力を何かに使うことができないのかと悶々とする日々が続いています。

しかし、もしかすると、そんな悩みももうすぐ終わるかもしれません。

最近、少しだけ見てしまう、ぼやけた映像のような短い夢……。遠くに見える遺影は私に似ているような気がしています。

この夢がはっきり見えるようになった日、私はどうすればいいのでしょうか。

第五章　音もなく忍び寄る恐怖

噂の心霊トンネルで後ろから迫るのは？——畑　健一郎（三十四歳）

私が以前、食品の卸会社に勤めていたときの話です。

福岡県のある地方都市から福岡市内の料理店まで、食材の配達をした帰り道のことでした。その日は配達に手間取ってしまい、帰途についたときにはすでに渋滞が始まっていました。メイン道路を走ると、時間がかかりすぎます。

私は少し躊躇しましたが、市内から山のほうに外れて、峠を越える道を帰ることにしました。どうしようかと迷ったのは、その峠にはある噂があったからです。

もちろん、そんなことに遭遇したことはないのですが、地元では有名なスポット、いわゆる「出る」といわれているトンネルがあったのです。

福岡では有名な「心霊スポット」で、夏になると暴走族が「肝試し」と称して走りまわっていると、テレビで放映されたこともありました。

どこにでもある単なる噂ですが、信じていないながらも、何となくひとりでは通りたくない、とくに日が暮れてからは遠慮したい気分でした。

けれども、時間短縮のためには峠に向かったほうがよさそうでしたので、そちらの道を行くことにしました。

噂のトンネルにさしかかり、真ん中くらいまできたとき、ふとルームミラーに映る光に気がつきました。ライトをアップにしたまま、ぐんぐん近づいてきます。

まぶしさに目を細めながら、ちらっとルームミラーを見ると、それはどうやら青いトラックのようでした。

食材を運搬している私たちは乱暴な運転はできないので、急いでいる車は先に行かせるのが鉄則なのですが、そこは片側一車線のトンネルのなか。道を譲ることはできません。

しかたなく加速して、トンネルを抜けたところにある待避所まで行こうとしました。

しかし、アクセルを踏んでも加速しません。

もう一度、力いっぱい踏みこみましたが、無駄でした。

後ろのトラックはついにパッシングをして、「早く行け」といわんばかりにあおってきます。

そのとき、「あ、そうだ!」と、口走っていました。

食品用冷蔵庫のスイッチを入れているので、パワーが出なかったことに気づいたのです。

これさえ切れば、もっとスピードは出るはずでした。

スイッチを切り、アクセルを踏みこむと、今度は充分加速しました。

ちょっとスピードの出しすぎかなとも思いましたが、これでトラックとの車間距離は開いたはずだと、ルームミラーを見ました。

……トラックの影も、あんなにまぶしかったライトの光もそこにはありませんでした。

いいえ、違うのです。

私の乗っているのは冷蔵ボックスが後ろにあるトラックのため、ルームミラーはいわば車検用につけたようなもので、そこに何も映るはずはなかったのです。

もう一度、見ました。

やはり、何も映ってはいません。

私は恐怖に駆られて、さらにぐいとアクセルを踏みこみました。

ルームミラーに気を取られ、現実の恐怖が襲ったのは、その直後でした。

トンネルを抜けたとたん、道路が光るほどに凍結していたのです。

もし、思いっきりブレーキを踏んでいたら、私はトラックもろとも、ガードレールを突き破って谷底に落ちていたでしょう。

あれが何者だったのか、知るよしもありません。もちろん、どんなに渋滞しても、あの峠を通ることは二度となくなりました。

三日続けて黒猫に出くわしたあとで……

――青葉涼人（二十七歳）

私が住んでいるのは住宅地で、日が暮れると車は滅多に通らず、自転車や徒歩の人の姿もほとんど見かけることはありません。

いくつもの角のある細い道が入り組んでいて、夜ともなるとこのまま違う世界に迷いこんでしまうのではないかと思わせるようなところでした。昼間はにぎやかに騒ぐ犬も、夜にはウソのように黙りこんでしまいます。

私がいま住んでいるアパートに兄といっしょに越してきたのは三年前のことです。いまでは気ままに角を曲がってもどこに出るか、すっかりわかるほど慣れてきました。

大通りに出るためにいちばん近い道も見つけています。

犬を飼っている家が多いせいでしょうか、近所で猫を見かけることは滅多にありませんでした。

その日はちょうど分厚い雲が月の光を隠して、仕事帰りの私は街灯と自転車のライトだけを頼りに、自転車を走らせていました。街灯が途切れたところにある細い角を曲がると、アパートまではすぐです。

昼間こそ車に気をつけなければなりませんが、夜には車が通ることはまずありません。

カーブミラーにライトの光もありませんでした。

私は減速もせず、角を曲がろうとしました。

そのときです。自転車のライトのなかに黒い塊が飛びこんできました。

慌てて、思いきりブレーキを握りました。

「キキーッ!」

けたたましい音をたてて自転車は止まり、私はつんのめった姿勢のまま前を見ると、そこには金色に光るふたつの目がありました。

黒猫です。体は闇夜に溶けてしまったようにはっきりしませんが、警戒しているような目はじっとこちらを見ていました。

黒猫が前を横切ると悪いことが起こる、そんなジンクスが頭をよぎりました。

次の日、おなじような時間におなじ道を通って帰宅しました。

すると、また横切ったのです、黒猫が……。

しかし、昨日の猫ではありません。

目は茶色で、昨日の尻尾の長い猫ではなく、縮れた鉤尻尾《かぎしっぽ》の黒猫でした。

〈二日連続か……〉

偶然とは思いつつ、気にかかります。

そして、次の日……。

さすがにもう会わないだろうと思いながら、おなじ道を行きました。

自転車のライトをつけ忘れ、月明かりだけが頼りの角まで来ると、無意識にゆっくりブレーキをかけながら、私は少し大回りで角を左に曲がりました。

黒猫には会いませんでした。

会ったからといってどうということもないのに、なぜか腕が緊張しています。

アパートの前に着き、駐輪場に自転車を止めて鍵をかけようとしたとき、ふと視線を感じました。目の前に黒猫が行儀よく座って、じっと私を見上げています。

その場に凍りついて動けなくなった私をあざ笑ってでもいるように、黒猫はゆっくりと去って行きました。

続けて三回です。

さすがに気味が悪くなった私は、次の日、帰り道を変えました。

悪いこともよいこともあったわけではありませんが、あのギョロリと闇夜に浮かぶ目に見られると、背筋が冷えてくるのです。

黒猫には会いませんでした。

しかし、数日後、うっかりいつもの道を通ってしまったのです。

その日は残業で遅くなり、気持ちが急《せ》いていたせいもありましたが、慣れとは恐ろしいものです。

「あっ……」

と気づいたときには、あの角にさしかかっていました。

そして、見てしまったのです。ぐちゃりとつぶれた黒い塊を……。

見たくはないのに、まるで釣られた魚の口から針が外れないように、私は自転車を走らせながら目を離すことができませんでした。

黒い毛と白とピンクを混ぜたようなぷっくりとした肉球が目に焼きつきました。

アパートに帰ると、兄が心配顔で待っていてこういったのです。

「おまえがいつも帰る時間に、そこの角で黒猫が轢かれたんだってさ。遅くてよかったな」

もしも、いつもの時間に帰っていたら、あそこに倒れていたのは黒猫ではなく、私だった……？

三度見た黒猫のうち、私の身代わりになったのがどの猫なのか、確認することはできませんでした。

あの日以来、黒猫を見ることは二度となくなってしまったのです。

首なしの女学生が座っていた部屋で……——森川京子（三十六歳）

七月も終わるころ、海水浴に行く相棒がほしくて、父が我が家に電話をかけてきました。「夏は海に行くものだ」などといっていましたが、要は孫といっしょに遊びたかったのだと思います。

私は紫外線に弱い質《たち》なので海には行きませんが、毎年実家には帰っていたので、主人と子供たちは喜んで次の日曜日に出かけていきました。

実家に着くや否や、父と主人は子供たちを連れて、あっという間に海に出かけてしまいました。

残った母と私はのんびりと午後の時間をすごし、「少し昼寝でもしたら？」と母は勧めてくれましたが、私はいちばん落ち着く和室で本を読むことにしました。

一人っ子の私は、子供のころから、この和室のなかでもテレビがいちばんよく見える席を陣取って座っていたものです。その日もお気に入りの場所で本を開きました。

しばらくすると、母がやってきて、私が読んでいる本を覗きこみました。

「あなたは、子供のころから、そういう本が好きよね」

母がいうように、私は小学生のころから宇宙人や幽霊など、不思議なことが書かれた本が好きだったのです。

「小さいころは怖がりだったけど、もう怖くないの？」

母は興味深そうに聞いてきました。

怖がりのくせに怖い本を読むという、ちょっと変わった子供だったのかもしれません。

「いまでも少しは怖いけど、やっぱり不思議な話って好き」

私がそう答えると、母は少し考えたあと、

「そうなの。実はね、あなたが怖がるとかわいそうだと思って話さなかったんだけど、母さんも不思議な体験をしたことがあるのよ」

といって、こんな話を始めました。

いつのころだか忘れたそうですが、夕方雨戸を閉めようと窓を開けた母は、頭上に何かが飛んでいるのに気づき、目を向けると、軍服を着た兵隊の姿があったというのです。三メートルも上のほうでユラユラと揺れたあと、すぐに消えてしまったといいます。

私は驚いて母の顔を凝視しました。

物音を聞いたとか、得体の知れない影を見たというくらいの話だと思っていたら、いきなり直球を投げられたような衝撃です。

考えてみれば、私が不思議なことの詰まった本を好きになったのは、そんな母の体質を受け継いでいるせいなのかもしれません。

母の話はさらに続きました。

数年前、私が嫁いだあと、母が買い物から帰ってきて玄関の鍵を開け、和室に入ってみると、古ぼけたセーラー服姿の女の子が座っていたというのです。

「前にあなたにも話したことがあったでしょ。この家が建つずっと前、ここは戦時中、連れ込み宿だったの。だからその当時の娘さんが出てきたんじゃないかと思って。何を思って出てきたんだか、サッパリわからなくてね。なにしろ、頭がない姿だったから……」

私の身体のなかをキーンとした冷たさが駆け抜けました。

真夏だというのに寒気がし、鳥肌が立って、冷たい汗が噴き出しました。

私はこの話はもう終わりにしてほしいと思いました。

「ほんとにもう……、なんでここに出てくるんだろう」

私がいうと、母は、

「さあ、理由はわからないけど、そんなことがあったってこと」

といいながら、立ち上がりました。

私は怖さの余韻に包まれたまま、どうにかして思考を切り替えようと、足を崩して読みかけの本を手に取りました。

すると、母は部屋を出ていきながら振り返り、

「ところで、あなたは家に帰ってくると、どうしていつも必ずそこに座るの？　あの女学生も、ちょうどそこに座っていたんだよ」

といいました。

そのとたん、私は全身にいいようのない淋しさを感じ、ふいに涙がこぼれてきました。

あの女学生が一瞬、私に憑依《ひょうい》したのかもしれません。

女子刑務所のすべての窓に浮かぶ生首――橋口真也子（三十九歳）

これは、私が実際に体験した話です。

十年前、私が某女子刑務所で、刑務官として働きはじめたころのことです。

夜勤の日、先輩に頼まれたものを取り、被収容者が生活をする舎房に戻る途中、暗闇の

なかで絡みつくような視線を感じました。

そこには、ほかに誰もいないはずです。

背中にゾッとするものを感じながら、私は視線の主を探しました。

舎房に戻る途中には、その当時、取り壊し予定の古い舎房が薄気味悪く建っていました。その建物からは、使えるものはすべて運び出され、ちょうど廃墟のような感じで、昼間でも薄気味悪く感じられる場所です。

見上げると、建物の窓すべてに白っぽい何かが浮いています。二階建てで窓は片側に二十八個ずつありましたが、鉄格子をはめられたその窓に白いものが浮いていました。

〈なんだろう？〉

暗闇のためよく見えず、私は吸い寄せられるように建物にゆっくり近づきました。一歩近づくごとに、白いものは輪郭をはっきりとさせていきます。

だんだん見えてきました。

それは、真っ白い顔をし、肩までの長い髪を振り乱した、女の生首でした。

二十八個すべてがおなじ顔の女で、私を嘲笑うかのように、口もとをゆがめて奇妙な笑みを浮かべていました。

突然の気味の悪い光景に、私は凍りつきましたが、幼いころから霊感が強かったため、すぐに冷静さを取り戻しました。

女の顔の浮かぶ窓のそばを通り抜けなければ、舎房に戻ることはできません。

覚悟を決めた私は、建物の横を歩きはじめました。

私が動くと、五十六個の女の目がゆっくりと動き、私の姿を追いつづけます。

それはいいようのない、張りつめた緊張の連続でした。

窓のそばを通り抜けると、建物の正面にさしかかりました。

その建物の奥に白い女の顔がひとつ浮かびあがりました。やはり私のほうを見て、薄気味の悪い笑みを浮かべています。

〈ヤバイ!〉

そう思った瞬間、女の生首は音もなくなめらかに宙を滑り、私に向かってきました。

扉ひとつ隔てて、私と女の睨み合いは少しのあいだ続きました。

漆喰《しっくい》のような白い顔に、血のような赤い唇が、いまでも忘れられません。

私は女の視線を振り払うように、その場を立ち去り、舎房へと歩きました。

何事もなくいつもの仕事場に戻ることができ、その後は女の顔を見ることもないまま古い建物は取り壊されましたが、その正体はいまだにわかりません。

しかし、別の場所でふいに女の笑い声を聞くことは何度かありました。

あれはいったい何だったのでしょう。

いまは退職して足を踏み入れることもなくなりましたが、刑務所という特殊な空間には、私たちでは知りえない、女の情念のようなものが宿っているのかもしれません。

見えないものが見えてしまう不思議な家族——吉川信彦（二十六歳）

私の家は私と、父、母、弟ふたりの五人家族ですが、父と私が似ていて、母と弟ふたりが似ているとよくいわれます。

しかし、私と母も似ているのです。その証拠に、よくふたりでいっしょに出かけます。

その奇妙な体験をしたのも、私と母が出かけたときのことでした。

それは雨の日でした。朝から空は灰色の雲で覆われ、とにかく蒸し暑い日でした。

近所には買い物をするところがないため、その日も、いつものように母は車に乗って出かけようとしていました。私もちょうど駅前に用事があったので同乗していくことにしました。

家から駅までの道のりは見通しのよいバス通りですが、いつも渋滞しています。

家と駅のちょうど中間あたりまで来たとき、母は私に「あれ、見て」と十字路の角にある銀行のほうを指さしました。目をやると、そこには緑色のコートを羽織った女性がいました。

じっとしていても汗が噴き出すような蒸し暑さなのに、その人はコートを着ているのです。そのうえ、違和感をいだかせるのは、彼女が傘を持っていなかったことでした。

私は母と目を合わせました。

そして、もう一度彼女を見たとき、さらにおかしなことに気づいたのです。大降りの雨のなかに立っているのに、その人はまったく濡れていません。

目を凝らしてみても、服も髪も濡れているようには見えないのです。

のろのろと渋滞の列が動きだし、女性の横を通りすぎるとき、ちらっと横を見ました。

彼女の目はどこか一点を見つめるように歩道の真ん中に注がれていました。

通りすぎてしまってからも気になったので、振り返ってみたのですが、数秒前にそこにいたはずの女性の姿はかき消すように見えなくなっていました。

母はルームミラーを覗きながら、「また見ちゃったね。ごめんなさい」といいます。

僕は、「母さんが悪いんじゃないよ」と慰めるように答えました。

家に帰ってから、緑色のコートの女性の話をすると、父は、

「何年か前、あの十字路に花が供えてあったのを覚えているよ。オレは生まれてこのかた、幽霊なんて見たことないけどね」

といいました。

そう、私と母は昔から、他の人には見えないものを見てしまうことが少なくなかったのです。

母は幼いころから、そうした自分の不思議な能力に気がついていたらしく、もう見慣れてしまったといいます。

私にも母のそんなところが遺伝してしまったのかもしれません。

母といっしょに行動したときには、不思議なことに交通事故の現場に遭遇したり、救急車を何台も見たりするようになりました。

おそらく、私たちはそういったものを引き寄せる何かを生まれもっているのでしょう。

しかし、父や弟ふたりには、通常のものしか見えません。

それどころか、母と私以外に父や弟がいっしょに行動すると、奇妙なものは影を潜め、何も現われなくなります。

たしかに外見は私と母は似ていません。ありえないものを発見するときだけ、「ああ、

遺伝しているな、似てるな」と思うのです。

ところが、緑のコートを着た女性を見てから、一カ月ほど経ったある日のこと、いつも冷静な弟が慌しく帰ってくるなり、声を震わせていいました。

「オレも見ちゃったよ。銀行の角で緑のコートを着た女の人……」

疫病神に取り憑かれてしまった僕——梅田正和（三十三歳）

いちばん初めに気がついたのは、バス通勤していたときのことでした。

毎朝、七時五十分にT駅東口発のバスに乗りこんでくるのは、おなじ顔ぶれの人ばかりでした。挨拶を交わすわけでもありませんが、毎日のことですので、ほとんどの人の顔は覚えてしまいました。

前のほうの座席にはいつも笑いながら話をしている女子高校生が三人、中ほどの席には僕が座り、後方に派手な格好のOLらしい女性とサラリーマン風の男性が数人いました。

ある朝、何となくいつもと違う空気を感じた僕は、何気なく後方を振り返ってみました。

すると、いちばん後ろの左端の座席に、しわくちゃの灰色のジャンパーを着た五十歳くらいの男がひとり座っていました。初めて見る顔です。やけにギラギラした目が僕をじっと見ています。目が合っても視線を外すようなそぶりもありませんでした。

バスに乗っているあいだじゅう、背中に鋭い視線を感じ、そっと振り向くと、やはり男はジーッと僕を見つめているのです。何ともいえないいやな感じでした。

次の日もその次の日もおなじことが繰り返され、気分が滅入ってくると、体調まで悪くなってきたので、僕は一本あとのバスに乗ることにしました。わずかな時間差ですが、一本あとのバスは満席で、息苦しくなるほど乗客が乗っていました。

そんななかで、自然に後部の左端の座席に目をやった僕は凍りつきました。

あのギラギラした目が僕をじっと見ていたのです。

そして、男は「ニヤッ」と笑いました。

〈死神……〉

そんな言葉がふいに頭のなかに浮かびました。

僕にはその男が人間ではない、この世のものではないと感じられたのです。

次の日から、僕はバス通勤をやめて、マイカーを使うことにしました。あの男に会ってはいけないという思いがこみあげてきたからです。

〈しばらくはこれで大丈夫だ……〉

そう信じて会社に向かったのですが……。

会社を目の前にした交差点の信号で停車していたとき、目の前を横断している人たちを見るともなく見ていた僕は、叫び声をあげそうになりました。

重なるように歩いていく人たちのなかから、フーッとあの男が現われ、まるで「そこにいるのは知っている……」とでもいうように、気味の悪い笑みを浮かべながら、僕を見たのです。

恐怖を抑えこみながら、出勤した僕は転勤を願い出ました。勤務先が変われば、あの男は追いかけてこないだろうと思ったのです。

理由を聞かれることもなく、僕の要望は受け入れられ、東急東横線の沿線にある支店に転勤することができました。

しかし、僕の考えは甘かったようです。

男は僕を探していたに違いありません。

数カ月後、駅のホームの向かい側からの強い視線を感じ、身をすくませました。あの男がじっと僕を見ていたのです。

男は毎日のように、ホームや歩道の上などに姿を現わしました。

そして、それからというもの、仕事の失敗がつづいたり、家族が怪我をしたり、僕自身が高熱を出したりという不幸が連続しています。

命にかかわるようなことはありませんが、「死神」ではなくても、僕にとってあの男は「疫病神」なのだと、いまは感じています。

もし、あの男から離れることのできる方法があれば、教えてほしいのですが……。

呪いは、かけた者に戻ってくる——小島絵里(三十二歳)

小さいころ、怖がりだった私は、よく母に脅されていました。

「いうことを聞かないと、血まみれのおばあさんに連れて行かせるよ」

「お母さんに逆らったら、絶対にひどい目に遭うよ。呪いだってかけられるんだから」

そんな言葉をいつも投げつけられていました。

母は魔女でした。少なくとも、幼い私にとっては……。

言葉だけではなく、痩せて目ばかりギョロギョロした、その風貌は魔女そのもののように見えました。母が低い声で誰かを罵《ののし》っているときは、本当に呪いをかけているかのように見えました。

母の実家は四国の山奥にあり、人魂や幽霊を見たこともあるのだと、まるで自慢するように話していたこともあります。

幼稚園に通うようになった私は、知能テストで同点だった、かっちゃんという女の子とおなじ英才教育をする教室に通わされました。

そこで何かにつけかっちゃんと比較され、競わされたのですが、いまから考えると、母親どうしの見栄の張り合いをしているようでした。

やがて、かっちゃんは私立の有名小学校に合格し、私たちの前からいなくなりました。

不合格だった私を、母は執拗に責め、次にはかっちゃんのお母さんを罵倒する日々が続きました。

「あの子が合格したのは、コネを使ったからよ。いまにきっとよくないことが起こるに決まっている」

母がそんなことをいいはじめると、私は耳を塞いで、自分の部屋にこもりました。

しかし、三年後、本当に不幸が起こったのです。

かっちゃんのお母さんは縊死《いし》しました。

当時の言葉で「ノイローゼだ」と大人が話していたのを覚えています。

「かっちゃんのお父さんから電話があったのよ。奥さんと私がまだ友達だと思っていたのね、かわいそうに。かっちゃんも学校は辞めるそうよ」

そんな言葉とは裏腹に、喪服に不似合いな真っ赤なルージュを引いていそいそと出かけていく母の姿は、どこか面白がっているようにも見えました。

それからも、母はことあるごとに、気に入らない人に呪いをかけつづけました。裕福な友達の家は破産しました。浮気をした父は癌で生殖器官を失いました。母が溺愛した弟はニートになって実家を離れられずにいます。

そんな、普通の家庭には起こらないような奇怪でおぞましい出来事が続いていくうちに、私のなかで母に対する反発心がどんどん膨らんでいきました。

母は知っていたのでしょうか。

放った呪いが、強力な護符によって戻されたとき、より強い呪いとなって、そのまま自分に跳ね返ってくるということを。

いつのころからか悪夢と金縛りに悩みつづけた母が、やがて精神に異常をきたしたのは、老化のせいばかりではないと思うのです。

母の呪いをそのまま跳ね返したのが、不幸を背負わされた誰かだったのか、あるいは私だったのか、それはわかりません。

いずれにしても、魔女は最後には炎で焼かれるものなのです。

「ネコも、人も、殺すのは簡単よね」――金山和志（二十九歳）

大学生のころ、僕の下宿には毎日のように友達が集まっては飲んだり、つまらない話をしたりしていました。ときには徹夜になることもありました。

その日もずいぶん遅くまで飲んでいたのですが、突然、停電になり、慌ててローソクを探し出して火をつけました。

外を見ると、どの家からも光がなくなっていましたので、そのあたり一帯が停電していたのだと思います。

ローソクを見ていた友達のひとりがポツリと「百物語」といいました。あの、「怖い話を次々に語って、百を語り終わったときに、本当に怖いことが起こる」という言い伝えのことです。

僕たちはすっかりその気になって、つぎつぎに話しはじめました。

まず、Aくんです。

「夜中の三時二十分ごろ、ものすごい音がしたんだ。ガラガラガシャーン！　っていう感じの音。てっきり表で大きな事故があったんだと思って、外に飛び出したよ。母も妹もパジャマのまま、駆け出してきた。

でも、何もないんだ。シーンとして、ネコの子一匹通っていないし、あんな大きな音がしたというのに、近所の家は真っ暗なままで誰も起きてこない。不思議だなと思いながら、部屋に戻って寝たんだけど、数時間もしないうちに電話がかかってきた。

東北に単身赴任している父が交通事故にあって、病院に担ぎこまれたって。そう、事故が起こったのは三時二十分だったんだ……」

次はBくんの話です。

「みんな、幽霊トンネルって知ってるだろ？

オレの友達が四人で海に行った帰り、あのトンネル通ったんだって。ちょうど真ん中あたりまで来たとき、『ガツンッ！』と鈍い音がして、何かを轢《ひ》いたような衝撃があったらしい。大型犬でも撥《は》ねたかと思って、トンネルを出たところに車を止めて運転手だけ残して、三人がトンネルのなかに戻ってみたんだそうだ。でも、変わったことは何もなく、犬どころか、石ころひとつなかったらしい。

不思議に思いながら車まで戻ると、運転していた男が真っ青な顔をしてガタガタ震えている。どうしたって聞いたら、フロントガラスを指さすから、そこを見ると……血だらけの手形がベタベタと一面についていたって……。運転していた男、それ以来、病院暮らしらしいよ」

Cくんはこんな話をしました。

「ギター部の部長のKくん、知ってるだろ？

Kくんの下宿、二階の左端になるじゃないか。住みはじめたときからなんだかいやな感じがしていたというけど、ある日、ギター部の練習のあと、日が暮れて帰ってみたら、部屋に明かりが点いてる。出かけるときに点けた覚えもないのに、おかしいなと思いながら、鍵を開けて部屋に入ったとたん、真っ暗になったんだって。

よせばいいのに、確かめもせず、その夜、そのまま部屋で寝たんだよ。そしたら、夜中に部屋の隅に黒い塊があることに気がついて、びっくりして目を閉じたそうなんだ。そっと目を開くと、そいつは近づいてきていて、手を伸ばせば届くくらいのところに座っている……。小さいおばあさんだったそうだ。

Kくんが瞬《また》きした瞬間、そいつはKくんの顔を真上から覗きこんで、ずーっと見ていたそうだよ。朝になるまでね」

Cくんの次はいよいよ僕の番ですが、みんなのような怖い話はありません。僕が怖いのは、ネコだけなのです。

「僕が怖いのはネコ。姿を見るのもいやだし、鳴き声も聞きたくない。触るなんてもってのほかだ。そうなったのにはわけがあって……。

実は僕、ネコを殺したことがあるんだ。……たぶん、死んだと思うよ。

小さいころって、トンボやチョウチョの羽をむしったりするだろ？　子供のころの僕にとってはネコもおなじだったのかもしれない。

ある日、捨てられたらしい仔猫を見つけて、抱いてみたんだ。でも家では飼ってもらえないしな……なんて考えていたら、急に凶暴な気持ちがむくむくと湧いてきて、橋の上まで行ってポイッと投げ捨てちゃったんだ。

何日か経って別のネコを見かけたとき、また同じように橋から捨てたい衝動にかられてさ、ネコを抱きあげてあの橋に行ったんだ。今度はクルリとまわって上手に着水するかななんて考えながら、身を乗り出したとたん、後ろから名前を呼ばれた。

振り返ったら、母が恐ろしい顔をして立っていた。叱られる！　と思ったんだけど、母は何もいわず、ネコを僕の手から受け取って放してやると、そのまま家に帰っていったんだ。

本当に怖かったのはその後。夕食の準備をしている母の横に行った僕はギョッとした。

母が手にしている包丁に真っ赤な血がついているように見えて、あとずさりしてしまった。でもよく見ると、それはトマトを切っているだけだったんだ。ホッとしたとたん、いきなり母は僕に近づいてきて、水に濡れたままの手を僕の首にまわし、こういったんだ。

『ネコも、人も、殺すのは簡単よね』

僕はごくっと唾を飲んだ。

それからだよ、僕がネコを怖いと思うようになったのは。あれから何度も、僕は母に橋から投げ落とされる夢を見たんだから。僕に乱暴なことをやめさせようと思っただけだとは思うんだけど、でも、ときどきあの投げ落としたネコの祟りかな……なんて、考えたりして」

話し終わったとたん、どこからか、

「ニャーゴ……」

と、ネコの鳴き声が聞こえ、その場は水を打ったように静かになってしまいました。

本当にネコは怖いのです、いまでも。

自然学校での「肝試し」の夜に……——高木　蘭（十九歳）

小学五年生の六月に参加した自然学校での出来事です。

その日の最終プログラムはワクワクするものでした。そう、夜の「肝試し」だったのです。

　夜の山は肌寒く、ツーンとした空気が漂っていました。

　子供たちは全員、小さな小屋に入れられました。真っ暗ななかにロウソクを持った地元の人がやってきて、話しはじめました。

「これから、この地域で本当にあった話をします。

昔、このあたりには井戸があって、ここに暮らす人はみんな毎日水を汲みにきていました。ある夫婦にかわいい男の子が生まれ、愛情豊かにすくすくと育っていきました。健太郎と名づけられた子は誰からも愛され、二十八歳になったとき、恋人もできました。

恋人の景子さんはお金持ちのお嬢さんで、幼いときからほしい物は何でも手に入れることができました。近所でもわがまま娘として有名でしたが、やさしい健太郎さんだけがただひとりの理解者で、村の人たちはふたりのつきあいを心からは祝福できないでいました。

そんなとき、ある一家が越してきました。広子さんという娘と両親です。一家は健太郎さんの家にも挨拶にやってきました。

広子さんの母親は重い病気で、空気のいい田舎に越してきたのですが、広子さんの家の家計が苦しいことを知った健太郎さんは、気になって、たびたび広子さんの家に足を運ぶようになりました。やがて、ふたりはうちとけて、何でも話せる間柄になったのです。

健太郎さんに彼女がいることを知ってはいましたが、広子さんはだんだん健太郎さんに思いを寄せるようになってしまいます。

健太郎さんの心から景子さんが遠ざかりはじめ、広子さんの思いに応えるようになっていきました。しかし、広子さんは内気でおとなしい性格だったので、景子さんから健太郎さんを引き離すつもりなどまったくなく、ただ時おり健太郎さんと話をすることだけを楽しみにしていました。

健太郎さんは、そんな広子さんがいっそう愛《いと》おしくなると、景子さんと別れる決心をします。

そして、その気持ちを伝えた日から、健太郎さんは毎晩のように景子さんの夢を見てうなされるようになりました。

しかし、広子さんと結婚し、そばに彼女がいてくれるようになると、健太郎さんも安心して幸せな日々を送ることができるようになりました。広子さんの母親も以前よりずいぶん調子がよくなってきたころ、ふたりは子供を授かりました。

それはすぐに村じゅうの人の知るところとなり、景子さんの耳にも届いたのです。

私の幸せをあの女が奪った……景子さんはそう思い、広子さんを恨む気持ちは日に日に膨らんでいきました。

ある朝、広子さんはいつものように井戸に水を汲みに行きました。

それを見ていたひとりの女がいたのです。

広子さんが井戸のそばに立ったとたん、何者かがその背中を強く押し、広子さんはそのまま井戸のなかに消えていきました。

広子さんがこの世に戻ってくることはなく、突き落とした景子さんも罪の重さに耐えかねて自殺したそうです。

それからというもの、その井戸のそばには赤ちゃんを抱いた女性の霊がたびたび目撃されるようになりました」

こんな話を聞かされたあと、私たちは「肝試し」に出かけました。ルールのひとつに「オバケの数をかぞえる」というのがあります。オバケになりきった先生は七名だったそうです。

しかし、私を含めた三名の生徒は九人の「オバケ」を見ました。

それは、赤ちゃんを抱いた女の人……そう、私たちは広子さんと赤ちゃんを見てしまったのです。

鎌を手にする死神が再び……——メビウス(三十五歳)

忘れもしない、あれは私が二十歳半ばのころだったと思います。

秋も深まった十一月、寝苦しい夜中、午前二時ごろでした。

私はいつものようになかなか寝つけず、何度も寝返りをうちながら、睡魔が訪れるのを待っていました。

私は普段明かりを消し、部屋を真っ暗にして眠るのですが、カーテン越しに外の外灯からの薄明かりは入ってきていました。

目を閉じて眠ろうとしますが、意識はどんどん冴えてきます。

そのときでした。

お腹と胸のあたりに妙な違和感を覚え、パッと目を開けたのです。

とたんに信じられないものが目に飛びこんできました。

白い肌の女の顔が目の前にあったのです。目をギョロリと見開いて、私の身体を押さえつけているのです。

それだけではありません。

手には大きな鎌を持っていました。いつか見たカードのなかにあった「死神」とまったくおなじ風貌です。

私は声を出すこともできず、息をすることすら忘れ、身体を強張らせました。

そして、心のなかで必死に叫んだのです。

「私はまだ死んでいない！　死ぬつもりもない！」

念じるように繰り返しました。

一瞬で、その女が私の魂をとりにきているということを察知してしまったからです。

すると、私の身体に重くのしかかっていたその女は、ふいに身体を起こし、黒いマントを「バサッ」とひるがえして、ドアのほうに消えていってしまいました。

何が起こったのか理解できませんでしたが、ただ抑えようもなく身体が震え、朝まで一睡もすることはできませんでした。

何の答えも見つからないまま、一週間が過ぎたころ、十五年間飼っていた愛犬が死にました。老衰でした。

愛犬の死とあの死神に何か関係があるのだろうかとも思いましたが、それはわかりません。そして、このことは誰にも話さないまま、時が過ぎていきました。

ところが、その後、結婚して一年ほど経ったときのことです。

ぐっすり眠っていた私は、突然主人に揺り起こされました。

何事が起こったのかと、起き上がってみると、主人は真っ青な顔をしてドアのほうを指さしました。

しかし、変わったことは何もありません。

「変な女が……」

主人はそういいながら、顔を強張らせます。

落ち着くのを待って話を聞いてみると、トイレに起きようとした主人は、私の上にかぶさっている黒い人影を見たというのです。

黒いマント……白い顔……そして、手に持った鎌……。

それは、あの日私が見た「死神」とまったくおなじ姿でした。

あの日の話は誰にもしていません。もちろん、主人にもです。

夢であってほしかったと思いつづけていたのに、私以外の人にも見えたということは、「死神」はやはり私につきまとっているのでしょうか。

いまは無事に生活をしています。

しかし、また現われるかもしれないのです。そのとき、何が起きるのか……、恐怖に怯える毎日です。

ナムコ・ナンジャタウン
「あなたの隣の怖い話コンテスト」事務局

2008年の夏、東京・池袋の屋内型テーマパーク「ナムコ・ナンジャタウン」で恒例の「あなたの隣の怖い話コンテスト」が開催され、日本全国から膨大な数の霊体験恐怖実話が寄せられた。本書は、そのなかから入賞作品をはじめ、48のとびきり怖い話を厳選収録したものである。

※「怖い話」の募集は、現在は行なっておりません。
※「ナムコ・ナンジャタウン」はリニューアルのため「ナンジャタウン」に名称変更となっております。

本書は、2009年6月に小社が発刊した書籍の改装改訂新版です。

二見レインボー文庫

私《わたし》たちは幽霊《ゆうれい》を見《み》た!

編者　ナムコ・ナンジャタウン
「あなたの隣《となり》の怖《こわ》い話《はなし》コンテスト」事務局《じむきょく》

発行所　株式会社 二見書房
東京都千代田区神田三崎町2-18-11
電話　03(3515)2311［営業］
03(3515)2313［編集］
振替　00170-4-2639

印刷　株式会社 堀内印刷所
製本　株式会社 村上製本所

落丁・乱丁本はお取り替えいたします。
定価は、カバーに表示してあります。
2019, Printed in Japan.
ISBN978-4-576-19099-0
https://www.futami.co.jp/